Eduard Eyth

Hesiod's Werke

Verdeutscht im Versmasse der Urschrift

Eduard Eyth

Hesiod's Werke
Verdeutscht im Versmasse der Urschrift

ISBN/EAN: 9783744625067

Hergestellt in Europa, USA, Kanada, Australien, Japan

Cover: Foto ©Thomas Meinert / pixelio.de

Weitere Bücher finden Sie auf **www.hansebooks.com**

Hesiod's Werke

verdeutscht

im Versmaße der Urschrift

von

Ed. Eyth.

———

Zweite Auflage.

〜〜〜〜〜〜〜〜

Stuttgart.

Krais & Hoffmann.

1865.

Einleitung.

Homer und Hesiod galten von jeher für die Glanz= punkte der epischen Poësie bei den Griechen.

Schon Herodot hat in einer merkwürdigen Stelle (II, 53.) beide zusammengestellt. Die spätere Sage hat sie als ebenbürtige Geister bezeichnet, indem sie von einem Wett= kampfe derselben fabelte, von welchem sogar noch Bruch= stücke übrig geblieben sein sollen. Eine andere, noch leckere Sage, welche jedoch den Geist in's Fleisch zu verkehren scheint, erklärt Homer und Hesiod geradezu für — Vetter und weiß ihren Verwandtschaftsgrad bis auf's Genaueste, sogar bis auf Orpheus, Linus und Apollo zurück, nachzu= weisen! Es genügt übrigens, derartige Dinge berührt zu haben.

Das Wahre davon ist, daß allerdings beide Dichter gewissermaßen „die Pole" bilden, um welche sich die ganze ältere, epische Poësie der Griechen bewegte. Der Eine stand an der Spitze einer ionischen, der Andere an der Spitze einer böotischen Sängerschule, wobei nur eben der letz= tere Ausdruck nicht in pedantischem Schulmeistersinn auf= gefaßt werden darf. An diese Aehnlichkeit reiht sich aber eine noch größere Unähnlichkeit, welche sowohl die Gegen= stände selbst, als auch die Form der Darstellung betrifft.

Wenn Homer ausschließlich das äußere Heldenleben besingt, so wendet sich Hesiod mit Vorliebe zu dem innerlichen Geistes- und Gemüthsleben; wenn jener gleichsam den Eindruck eines tapferen, in Noth und Fahr unüberwindlichen Ritters macht, so dünkt uns dieser oft nur ein recht biederer, arbeitsamer, rechtlicher und einfachfrommer Bauer; — wenn der heitere ionische Sänger so gänzlich im schönen Diesseits sich eingebürgert hat, daß er mit den Wesen des Jenseits, den Göttern, nicht selten umgeht, wie mit Marionetten: so ist es dagegen dem nachdenksamen Poeten aus Böotien ein wirklicher Ernst damit, sittliche Grundsätze zu besitzen und zu verbreiten, wie auch über die höchsten Gegenstände der menschlichen Vernunft und des menschlichen Glaubens in's Reine zu kommen und seine Betrachtungen hierüber in eine innere Uebereinstimmung zu bringen.

Schon dieses philosophische Streben in der Poesie macht es wahrscheinlich, daß die beiden genannten Dichter nicht wohl Zeitgenossen gewesen sein können. Das Letztere wird durch mancherlei Spuren im Inhalt der Sprache noch weiter unterstützt, wie denn auch vielfache Zeugnisse des Alterthums selbst dafür sprechen, daß Hesiod etwa ein Jahrhundert nach Homer gelebt haben müsse (ungefähr um's Jahr 800 v. Chr.).

Er war zu Astra in Böotien geboren, wohin sein Vater Dius (?) aus Cumä in Kleinasien sich übergesiedelt hatte. Als Hirte lebend, gerieth er nach des Vaters Tode in einen unangenehmen Erbschaftsstreit mit seinem habsüchtigen Bruder Perses und verlor den Prozeß durch die Parteilichkeit der Richter. Dieß entleidete ihm seine Heimath, die er deßhalb späterhin verließ, vermuthlich um nach Orchomenos auszuwandern, wo er ein langes, fröhliches Alter genoß und wo noch in späteren Zeiten sein Grab gezeigt wurde. Alles Weitere, was die Sage von ihm meldet, ist eben — Sage.

Unter seinen Werken ist vielleicht das Gedicht: „Werke und Tage", von Andern: „Hausregeln" u. dgl. benannt,

am anziehendſten, wie es auch ſchon in den älteſten Zeiten
für das ächteſte galt. Daſſelbe bildet jedoch keine in ſich
abgeſchloſſene Einheit, ſondern iſt nur eine, oft ſehr loſe
zuſammengefügte Spruchſammlung didaktiſcher Art. Wenn
die ſpäteren Griechen ihre praktiſche Philoſophie in drei
Haupttheile: Ethik, Politik und Oekonomik zerfallen ließen,
ſo ſpricht auch bereits Heſiod demgemäß eine Menge guter
Lehren aus über die Pflichten des Menſchen, des Bürgers
und vor Allem des Hausvaters. Letzterer wird über die
Wahl einer Gattin, die Erziehung der Kinder, den Ackerbau, die Schiffahrt, die Bedeutſamkeit der einzelnen Tage
u. ſ. w. vielfach belehrt, und zwar in einer naiven Weiſe,
welche nicht ſelten die brauchbarſten Winke auch noch für
unſere Zeit gewähren könnte. Dazwiſchen hinein finden ſich
die inhaltsſchweren Sagen von Prometheus und Pandora,
von den Weltaltern, ſowie eine lebhafte Schilderung des
Winters. Wiederholt wendet ſich der Dichter an ſeinen
nicht eben freundlich geſinnten oder tugendhaften Bruder
Perſes mit wohlgemeinten Ermahnungen; einigemale ver-
ſteigt er ſich ſogar zu einer Anrede an die Könige. Trotz
dieſes bunten, oft ſeltſamen und ſogar (neben erhabenen
Stellen) zuweilen geringfügigen Inhalts, — trotz der Un-
möglichkeit, das Aechte von dem Unächten mit Sicherheit
auszuſcheiden, oder einen größeren, innigeren Zuſammenhang
der verſchiedenen Theile nachweiſen zu können, bleibt uns
dennoch das fragliche Gedicht „ein anziehendes Bild der
griechiſchen Vorzeit in ihrer Einfachheit, Natürlichkeit, Sitt-
lichkeit und Häuslichkeit“. Und wenn wir auch nicht gerade
uns gedrungen fühlen, den Dichter als ſolchen im höchſten
Maße zu bewundern, ſo werden wir doch nicht umhin können, um ſo mehr dem Menſchen in Heſiod unſere aufrichtige
Achtung und Liebe zu ſchenken. —

Noch weniger, als das ſo eben beſprochene Gedicht,
iſt die ſogenannte Theogonie ein Werk, welches zur Lek-
türe etwa der Jugend, des weiblichen Geſchlechts, oder auch
ſonſt eines Leſers, der nur ſein Vergnügen und ſeine Unter-

haltung sucht, empfohlen werden könnte. Dagegen ist es „unendlich wichtig für die griechische Mythologie, für welche es das älteste Denkmal bildet, aus priesterlichen Liedern und Traditionen zusammengeflossen". Um das Verständniß desselben einigermaßen zu erleichtern, ist es nöthig, etwas ausführlicher auf die wichtigsten Punkte an diesem Orte einzugehen. Wir thun dieses, indem wir hauptsächlich den Ansichten Göttlings (in dem Vorwort seiner Ausgabe, die wir überhaupt zu Grunde gelegt haben) mit dankbarer Anerkennung folgen.

Was die Griechen Theogonie (Göttererzeugung, Geschlechtsregister der Götter) nennen, entspricht vollkommen unserer „Dogmatik" oder Glaubenslehre. Sie bezeichnet etwas Allgemeingültiges, während man unter „Theologie" nur die Ansichten irgend eines einzelnen gelehrten oder weisen Mannes verstand. Für die Allgemeingültigkeit der von Hesiod gegebenen Götterlehre spricht auch seine Uebereinstimmung mit Homer und der Umstand, daß für beide, wie für das gesammte griechische Volk, der Olymp, wegen dessen Lage man sich im Gebete nach Norden kehrte, die Wohnung der gesammten Götterwelt ist. Von seinem persönlichen Standpunkte aus würde Hesiod, der am Helikon in Böotien lebte, vielleicht den entfernten Olympos mit keiner Silbe erwähnt haben. Homer und Hesiod haben demnach, um die bekannte Stelle Herodots (II, 53.) zu berühren, den Griechen ihre Götterlehre nicht sowohl geschaffen, als vielmehr nur die längst vorhandenen Elemente des Volksglaubens dichterisch bearbeitet. Daher rührt es auch, daß Hesiod (nach Quintilians Urtheil, Instit. X, 1). nur selten einen höheren Schwung nimmt und meistens sich mit Namen abgibt, so daß sein Gedicht zuweilen fast nur noch ein „Katalog der Götter" (wie der Homerische Schiffs-Katalog) zu sein scheint. Der Zweck der Abfassung bestand vielleicht in dem Gebrauche, den man davon durch öffentliches Vorlesen an festlichen Tagen zu machen beabsichtigte. Ebendeßhalb konnte eine solche Theogonie auch kurz sein;

ja, fie mußte es fein. Somit haben wir auch in unferem
heutigen Texte fchwerlich viele Lücken, wohl aber manche
unbefugte Zufäße aus fpäteren Zeiten, indem die ähnlichen
Werke anderer Dichter, die lokalen Culte mancher Gegenden
und Städte, befonders Sikyons, die verfchiedenen Ausgaben,
die fchon früher vorhanden waren, hiezu ihre Beiträge lie=
ferten. Die religiöfe Auktorität des Buches wird aber na=
mentlich auch durch den Umftand beftätigt, daß daffelbe von
den meiften Philofophen nicht fowohl einfach ignorirt oder
verworfen wurde, als vielmehr, faft in gleicher Weife,
wie unfere heiligen Schriften, eine gründliche Exegefe ge=
funden hat.

Alle Mythologie der antiken Völker zerfällt in drei
Haupttheile, nämlich in die Lehre von der Welt (Kosmo=
gonie), von den Göttern (Theogonie) und von ausge=
zeichneten Menfchen (Heroogenie).

Die Kosmogonie (V. 116—452) fpricht von Be=
griffen, oder Gottheiten, welche keinen religiöfen Cult be=
faßen, fo daß aus diefem Grunde hier ein größeres Aus=
einandergehen der einzelnen Dichter möglich war. So weicht
Hefiod wefentlich von Homer ab, indem der leßtere z. B.
— nur im Vorübergehen Il. XIV, 200 — angibt, daß
alle Götter von Okeanos und Tethys erzeugt (alfo aus dem
Waffer entfprungen) feien. Bei Hefiod, der bereits ein weit
ausgebildeteres Syftem feiner Naturwiffenfchaft befißt, be=
ginnt Alles mit dem Chaos (d. i. dem leeren Raume),
worauf die Gäa (Erde = Materie) und Eros (die Liebe,
d. h. das belebende Prinzip) folgt, und zwar fo, daß zuerft
Gäa aus fich felbft, ohne Gatten, doch unter Beihilfe des
Eros, den Uranos (Himmel), die Berge und das Meer
hervorbrachte, nachher aber in der Verbindung mit dem
Uranos außer den anderen Gottheiten auch den Okeanos
und die Tethys gebar. So groß diefe Differenz zwifchen
den beiden Dichtern zu fein fcheint, fo kommen fie doch in
dem wefentlichften Punkte zufammen, infofern alle Götter
aus der Materie felbft entfprungen find, keineswegs aber

die Materie erst geschaffen haben. Das Letztere ist in der orientalischen Kosmogonie, besonders bei den Persern und Aegyptern, der Fall, von welcher sich demnach die griechische Vorstellungsweise durch ihre pantheistische Färbung vollständig unterscheidet; erst Thales erhob sich zu dem Satze, daß „die Welt eine Creatur Gottes sei“. Hesiod selbst philosophirt, wie wir sehen, über die Welt und ihre Entstehung in poëtischer Form, und wird daher auch schon von den Alten häufig den Philosophen beigezählt. Indem er die Gründe der Dinge und, wie alle Philosophen, das Darum vom Warum? aufsucht, erscheint ihm Alles unter dem Bilde der Erzeugung, weßwegen seine Ideen hauptsächlich in Namen niedergelegt sind, und somit auch seine Erklärung vorzugsweise auf Etymologien beruht, — ein Gebiet, das freilich niemals völlig aufgeklärt werden wird.

Wir gehen zur Theogonie (Göttererzeugung) über, welche sich von V. 453—962 erstreckt. Diese ist nicht sowohl physiologisch, als vielmehr politisch, was schon Aristoteles angedeutet hat. Wie nämlich auch hinsichtlich des Staates ursprünglich nur die rohen Urstoffe zu dessen künftiger Bildung vorhanden waren, sodann die patriarchalische, später die monarchische Regierungsform sich ausbildete, so dachte man das Gleiche sich in der Götterwelt, die ja dem Griechen immer und überall nur ein Abbild seiner menschlichen Verhältnisse war. Somit stoßen wir zuerst auf rein stoffliche, materiale Gottheiten und auf eine Zeit, in welcher Theogonie und Kosmogonie bei Homer und Hesiod beinahe noch zusammenfallen; die Anzahl dieser kosmogonischen Gottheiten ist ganz unbestimmt bei dem letzteren Dichter, während Homer nur den Okeanos, und die Tethys hervorhebt. Später folgt mit Kronos, (Saturn) Rhea und anderen, welche zusammen sechs männliche und sechs weibliche Paare bilden, eine patriarchalische Periode. Endlich kommt auch für den Olymp eine königliche Verfassung, wobei die Reiche der Welt vorherrschend unter die drei Götter, Jupiter, Neptun und Pluto vertheilt sind, aber auch unter diesen wieder Jupiter so sehr hervorragt, daß die ganze Entwicklung beinahe mit einer vollständigen Monarchie abschließt, — ähnlich, wie z. B. in Attika die bisherigen zwölf Gemeinden, deren jede ihren besonderen Stammobersten hatte, durch Theseus in ein einziges Königthum vereinigt wurden. Hesiod selbst steht nun mit seinen religiösen Anschauungen in der dritten, königlichen Periode und sucht diese möglichst in ihrem Ansehen und ihrer Würde zu heben. Dieß geschieht besonders durch die Titanomachie, d. h. den Kampf mit den Titanen (V. 617—745), worin Jupiter seinen Thron gegen die Angriffe der alten Götter siegreich behauptet, — sodann durch die, passenderweise schon vorangehende Erzählung von Prometheus (V. 507) bis 616), wobei er den Menschen gegenüber die Majestät seiner Allmacht wahrt. Dieser ganzen königlichen Periode des Zeus lassen die späteren Griechen theilweise eine rein ethische sich noch anreihen, deren Vorstand Apollo wird; dieß berührt indessen unsern Hesiod noch nicht. Letzterer kennt sogar die strenger geordnete Zwölfzahl der olympischen Götter noch nicht (obwohl er von allen einzelnen Göttern weiß), weil diese Zahl erst bei der Vereinigung der zwölf attischen Gemeinden unter Theseus zur Sanktionirung des damaligen attischen Staatshaushaltes erfunden scheint. Auch ist unser Dichter, wie man sieht, ebensoweit von dem orientalischen Dualismus, der ein böses und ein gutes Grundwesen annimmt, wie von samothrakischen oder eleusinischen Geheimnissen, oder endlich von physikalischen, besonders astronomischen Philosophemen in seiner Theogonie entfernt, — wiewohl die berührten Auffassungen schon insgesammt ihre Vertheidiger gefunden haben. Namentlich haben schon die alten Philosophen, und vielleicht zumeist die Stoiker, unsern guten Poëten durch allegorische, oft recht gottlose Ausdeutungen auf das Gräßlichste mißhandelt, obwohl aus dem Versuche, ihn womöglich zu einem der ihrigen zu machen, zugleich die Bedeutung hervorleuchtet, welche man seinem Namen und Werke beilegen zu müssen glaubte.

 Hesiod.

Der letzte Theil des vorliegenden Gedichtes ist die Er=
zeugung der Halbgötter, die Heroogonie (B. 963 sqq.).
Hier finden sich ohne Zweifel sehr viele Veränderungen,
spätere Zusätze u. dgl. im Texte. Die Zahl der Heroen
war überhaupt eine schwankende, lange Zeit des Wachs=
thums fähige, so daß auch der Mangel eines rechten Ab=
schlusses in unserem Gedichte sich theilweise erklärt, sofern
gleichsam für solche, die noch nachkommen würden, die Pforte
offen gelassen ist.

Noch ist das Vorwort zu besprechen übrig, welches
sich von B. 1—115 erstreckt. Dieses scheint mit ziemlicher
Wahrscheinlichkeit dem oben angedeuteten Zwecke der Theo=
gonie nicht zu entsprechen. Es stammt ohne Zweifel aus
einer Zeit, in welcher der Vortrag oder Gesang dieses
Gedichtes an den Altären nicht mehr im Brauche war und
daher dem etwas ernst gehaltenen Gegenstande auf einem
andern Wege ein neuer Reiz gegeben werden mußte. Zu
diesem Behufe verfaßte, wie man vermuthet, ein Abkömm=
ling des Hesiodischen Hauses, Terpander, die Einleitung,
welche ganz dem Charakter von Böotien entspricht, wo ge=
rade der Dienst der Musen und Grazien besonders ge=
übt wurde. Diesen Theil des Ganzen konnte nun freilich
der Geruch der Heiligkeit nicht vor zahlreichen Interpo=
lationen schützen, wenn gleich die Annahme G. Hermanns
von sieben, sage sieben verschiedenartigen Abfassungen des
Exordiums denn doch zu hoch gegriffen sein mag. Andere,
zum Theil sehr abenteuerliche Versuche, die ursprünglichen
Bestandtheile in ihrer Reinheit wieder darzustellen, können
wir an dieser Stelle füglich übergehen. Das bisher Ge=
sagte genügt zu der Hauptsache und diese besteht in der
Wahrnehmung, daß die Theogonie zwar an poëtischem
Werthe nicht allzuhoch steht, wohl aber, wie oben schon
bemerkt, „ihrem Inhalte nach unendlich wichtig wird für
die griechische Mythologie", als „Versuch, die verschiedenen
Lehren und Ansichten der Vorwelt über Gott und Welt,
— Ansichten, deren Tiefe dem Dichter oft selbst nicht mehr

völlig klar waren, — poëtisch darzustellen und möglichst in ein System zu fassen."

An die letzten Verse der Theogonie scheint sich ein, vielleicht nicht von Hesiod selbst herrührendes, Gedicht angereiht zu haben, welches ein Verzeichniß der Heldenfrauen des Alterthums enthielt, ihre Liebesverhältnisse zu verschiedenen Göttern schilderte, die daraus hervorgegangenen Sprößlinge bezeichnete und somit nicht nur eine Genealogie der ersten Geschlechter Griechenlands, namentlich Böotiens und Thessaliens, gab, sondern auch die Quelle vieler Mythen bildete. Wahrscheinlich nur Theile dieser sogenannten „großen Eöen" (von der wiederkehrenden Anfangsformel ἢ οἵη —) waren die Hochzeit des Keyx, die Fahrt des Theseus in die Unterwelt, die Vermählung des Peleus und der Thetis u. s. w.

Ohne Zweifel gehören zu den Eöen die 56 ersten Verse, womit ein anderes, noch erhaltenes Werk von Hesiod oder einem seiner Schüler beginnt, nämlich der Schild des Herkules. Der zweite Theil desselben geht von V. 57 bis 140, woran sich später V. 317—480 anschließt. Der dritte Theil (V. 141—316) enthält bei dem entstandenen Streite des Herkules und Kyknos eine nähere Beschreibung von dem Schilde des Hauptkämpfers, wobei die Homerische Beschreibung von Achilles' Schild (Ilias XVIII.) unverkennbar das Vorbild gewesen ist.

Was schließlich unsere Bearbeitung und Verdeutschung betrifft, so hat diese bekanntlich nur sehr wenige Vorgänger. Die J. H. Voß'sche Uebersetzung erschien schon 1806 zu Heidelberg und zeigt die nämlichen Vorzüge und Mängel, welche bei allen ähnlichen Arbeiten des hochverdienten Gelehrten anerkannt werden. Ein späterer Versuch von W. R. Naumann (Prenzlau 1827) scheint ziemlich unbekannt geblieben zu sein. Das Ziel, das der Unterzeichnete sich steckte, bestand — unter Vermeidung alles im Original nicht befindlichen Schwulstes — in möglichster Einfachheit und einer so genau, als es der Text erlaubte, an das Original

fich anschließenden T r e u e. Eben die letztere Rücksicht er=
laubte es nicht nur, sondern gebot es sogar unabweislich,
daß auch die äußere Form des Verses nicht die Feinheit
und Abgeschliffenheit zeigen d a r f, welche etwa für Homer
n o t h w e n d i g ist und z. B. von mir in der Uebersetzung
der ersten 8 Bücher der Ilias („die uralte Gegenwart"
Stuttg. Belser 1851) so weit ausgedehnt wurde, daß sogar die
griechische Silbenmessung, als die zuletzt angemessenste, bei=
behalten ist, jedoch nur p r o b e w e i s e und um der Salopperie
unserer meisten Versifexe zu zeigen, was die edle deutsche
Sprache vermag, wenn sie w i l l*). Ich erwähne dieß
lediglich, um zum voraus den Vorwurf einer Inconsequenz
abzuschneiden, indem mein Verfahren bei Hesiod ebenso, wie
dort bei Homer, auf wohlüberlegten Gründen und ungefähr
den gleichen Maximen beruht, wie sie Minckwitz in seinem
Lehrbuch der Prosodik und Metrik §. 40—45 aufgestellt hat.

---

*) Es möge mir gestattet sein, einige Verse zur Anschauung beizufügen:
„Aber Achilleus weinte zuerst und setzte sich einsam
Hin an's gräuliche Meer und schaut' auf's dunkle Gewässer,
Betete laut und hatte die Hand zur Mutter erhoben:
„Mutter, o weil du mich einst für wenige Tage geboren,
Darum sollte gewiß mir Ruhm und Ehre gewähren
Zeus im Olymp; doch wahrlich, ich hab' nur spärliches Ansehn!
Hat mich doch der Atrid' Agamemnon schnöde verhöhnet,
Raubte den Heerpreis mir, und siehe, der Arge behält ihn!"
Sprach's und weinte dabei ꝛc.

Hom. Il. I, 349 sqq.

Ed. Eyth.

Theogonie.

Laßt von den Musen am Helikon uns die Gesänge beginnen,
Welche des Helikon Höhe, die göttliche, große bewohnen
Und an dem bläulichen Quell mit geschmeidigen Füßen den Reigen
Tanzen, an Zeus' Altare, des allmachtvollen Kroniden.
[Wenn sie den zärtlichen Leib sich gereiniget im Termessus   5
Oder der Roßquell', oder der göttlichen Fluth des Olmeios:
Dann auf Helikons Spitze beginnen sie anmuthsvolle,
Herrliche Reigen im Tanz, und rühren die Füße gewaltig.]
Drauf sich erhebend nah'n sie bedeckt vom mächtigen Nebel

V. 1. Helikon, berühmtes Gebirge in Thessalien, jetzt noch Helikon, oder türkisch Sagara benannt, wildschöne Bergkette mit Schneegipfeln, Waldschluchten, lieblichen Thälern, — Heimath der schönsten Dichtersagen, — Heiligthum Apolls und der Musen, mit den Musenquellen Aganippe, Hippokrene; in der Nähe der letzteren der Musenhain, später mit den Werken der besten, plastischen Künstler geschmückt; ebendaselbst Askra, Heimath des Hesiod.

V. 3. Bläulicher Quell, Aganippe, benannt von einer Nymphe, Tochter des Termessus, eines Flußgottes.

V. 4. Zeus' Altar im Musenhain, weil er Vater der Musen war.

V. 6. Die Roßquelle Hippokrene. Die Beziehung des Pferds zur Poesie liegt (nach Göttling) in dessen rhythmischem Gange, den Virgil in dem bekannten Verse: quadrupedante putrem sonitu quatit ungula campum, glücklich nachgeahmt hat. Erst seit Pindar wurden dem Dichterpferde Pegasus Flügel beigegeben. Pegasus soll mit einem Hufschlag diese Quelle eröffnet haben, d. h. die rhythmische Sprache ging der eigentlichen Poesie voran.

Olmeios, Fluß, auf dem Helikon entspringend, der sich nachher, mit dem Termessus vereinigt, in den Copaischen See bei Haliartus ergießt.

Tief im Dunkel der Nacht und senden die liebliche Stimme,   10
Preisend den ägistragenden Zeus und die Herrscherin Hera,
[Sie, die Arglistige, die auf goldener Sohle dahertritt,]
Auch des allmächtigen Zeus' blauäugige Tochter Athene,
Phöbos Apoll' und Artemis auch, die der Pfeile sich freuet,
Oder den Erdumschlinger, den Erderschütt'rer Poseidon,   15
Oder die züchtige Themis und rollenden Aug's Aphrodite,
Hebe, die Göttin im goldenen Kranz, und die schöne Dione,
Eos, den mächtigen Helios auch, und die lichte Selene,
Leto, Japetos und auch Kronos, listigen Sinnes,
Gäa, den großen Okeanos, und Nyr' dunkele Gottheit,   20
Und das gesammte Geschlecht der unsterblichen heiligen Götter.
Sie nun lehreten auch den Hesiodos edle Gesänge,
Als er am Helikon unten, dem göttlichen, Lämmer geweidet.
Also begannen vor Allem zu mir die olympischen, hehren
Musen zu reden, — die Töchter des ägistragenden Herrschers: 25
„Ländliche Hirten, elende Gesell'n und lediglich Bäuche, —
Seht, viel Lüge verstehn wir zu sagen, dem Wirklichen ähnlich,
Aber verstehn auch, wenn wir gewollt, wahrhaftige Mähren!"
Also sprachen die Töchter des mächtigen Zeus, die beredten,
Ließen mich dann zum Stabe den Sprossen des blühenden Lorbeers 30
Schneiden, — ein Wunder zu schau'n; auch hauchten sie göttliche
                             Stimm' ein
Mir im Geiste, zu singen das Künftige, wie das Gewes'ne,

V. 10. Nacht; die Musen erschienen dem Hesiod wahrscheinlich im Traum.

V. 24. Vor Allem; bevor die Musen dem Dichter den Geist der Poesie mittheilen, schelten sie ihn wegen seiner Trägheit und Unthätigkeit, wie sie die Hirten gewöhnlich haben.

V. 27. Viel Lüge, Anspielung auf die epischen Dichter, worunter Homer; das Wahrhaftige findet sich bei den Didaktikern, an deren Spitze Hesiod steht.

V. 30. Lorbeer, dem Apollo gewidmet, welcher Anführer der Musen war, wuchs sehr häufig auf dem Helikon. Hesiod erhält einen Zweig als „Dichterstab", der ihn begeistert. Ueberhaupt war es Sitte der Hesiodischen Dichter, mit einem solchen Lorbeerstab in der Hand ihre Gesänge vorzutragen, weil man ihm nicht nur eine Wirkung auf den Geist des Sprechenden, sondern auch auf die Aufmerksamkeit der Zuhörer zuschrieb.

Hießen der ewigen Götter Geschlecht mich, der seligen, preisen,
Aber sie selber zuerst und nachher immer besingen.
Doch — was sollte die Rede vom Eichbaum, oder dem Felsen? 35
Auf du! Beginnen wir nun von den Musen, welche dem Vater
Zeus mit Gesängen erfreun den erhabenen Sinn im Olympos,
Kündend Alles, was ist und sein wird, oder gewesen,
All' einträchtig im Lied; da strömet vom Munde der holde
Klang unermüdlich; es lacht der Palast des unendlichen Vaters 40
Zeus, der die Donner regiert, wenn der Göttinnen lilienart'ge
Stimme sich weit ausgießet; das Haupt des beschneiten Olympos
Tönt und der Seligen Haus; die unsterbliche Stimme versendend,
Rühmten sie erst im Sange die Ehre des Göttergeschlechtes,
Das anfänglich die Erde gezeugt mit dem mächtigen Himmel, — 45
[Und die ihnen entflammt als Götter, die Geber des Guten;]
Zeus alsdann zum zweiten, den Vater der Götter und Menschen,
Preisen die Hehren in ihrem Beginn und Ende des Liedes,
Wie er der höchste der Götter und auch an Stärke der erste.
Jetzo der Menschen Geschlechter, sowie der gewaltigen Riesen, 50
Preisend erfreuen die Musen die Seele des Zeus im Olympos,
Sie, die olympischen Töchter des ägistragenten Herrschers,
Welche Mnemosyne einst dem Kroniden, dem Vater, geboren
Dort in Pieria, wo sie Eleuthers Tenne besorgte, —

V. 35. Vom Eichbaum oder dem Felsen; diese sprichwörtliche Redensart
bedeutet nach Einigen s. v. a. „von unnützen, nichtigen Dingen." Wahrscheinlicher
aber bezieht sie sich auf Dodona und Delphi, in deren ersterem die heilige Eiche das
Orakel vermittelte, wie das andere durch seine selsige Beschaffenheit bekannt war. Der
Sinn ist demnach: „wie darf ich mir jedoch erlauben, von göttlichen Erscheinungen,
die so heilig sind, wie ein Orakel, zu reden? Ich will zu anderen Gegenständen übergehen."

V. 36. Auf du! H. redet sich selbst, sein eigenes Herz an, wie dieß bei Homer oft vorkommt.

V. 46. Geber des Guten unpassend von den Titanen; wahrscheinlich ist
dieser Vers aus dem späteren V. 111 hierher gekommen.

V. 54. Pieria, schmaler Küstenstrich in der Nähe des Olympos, wo der Mit-
telpunkt des thracischen Musen- und Dionysoskultes war, und wo sich vielfach die nämlichen Sagen finden, wie am Helikon.

Eleuther, wahrscheinlich ein Berg, nicht ein alter König. Der Name weist
auf „Befreiung" hin, weil dort Mnemosyne einst den Dionysos (Bacchus) von seinem
Wahnsinn befreit hatte.

Daß man vergeffe das Leid und ruhe von jeglicher Sorge. 55
Denn neun Nächte vereinte sich ihr der berathende Gott Zeus,
Fern von den ewigen Göttern das heilige Lager besteigend;
Aber sobald es ein Jahr nun ward und die Zeiten sich wandten
Rasch, in der Monate Flucht, viel' Tage zu Ende gegangen:
Allda gebar sie neun einmüthige Töchter, (Gesang ist 60
Deren Geschäft; auch tragen sie fröhlichen Sinn in dem Herzen,)
Wenig vom höchsten der Gipfel entfernt des beschneiten Olympos,
Wo sie die festlichen Reigen und schöne Behausungen haben,
[Und wo die Chariten auch und Himeros wohnen benachbart,
Froh beim Feste; dem Mund entsendend die liebliche Stimme, 65
Singen sie sämmtlicher Dinge Gesetz und preisen die edlen
Bräuche der Götter zumal, entsendend die freundliche Stimme.]
Die nun schritten hinauf zum Olymp, froh schönen Gesanges
Und mit ambrosischem Lied; rings hallte die dunkele Erde
Ueber den Preis; es erhob sich liebliches Tönen der Füße, 70
Als sie zu ihrem Erzeuger gekehrt; der thronet im Himmel,
Wo er dem Donner gebeut und glutroth flammendem Blitze,
Seit er an Macht obsiegte dem Vater Kronos; er hat auch
Weislich den Ewigen Alles getheilt und die Ehre bestimmet.

Dieß nun sangen die Musen, olympische Häuser bewohnend, 75
Neun dem erhabenen Zeus urlängst entsprossene Töchter, —
Klio, dann Euterpe, Melpomene, ferner Thalia,
Erato, Terpsichore, Polyhymnia, ferner Urania,

V. 58. Zeiten, die drei Jahreszeiten des Südens. Man bemerke die Reihen-
olge von Jahr, Jahreszeiten, Monaten, Tagen.
V. 64. Chariten und Himeros (Grazien und Cupido, Gott der Sehnsucht) gehören nicht nach Pierien, sondern an den Helikon. Diese Verse sind wohl
später verfaßt.
V. 66. Dieser Vers gibt die zwei Haupttheile der Theogonie, welche von der
Entstehung der Welt und der Götter handelt.
V. 68. Zum Olymp von Pierien, wo sie geboren waren, wie Apollo von
seinem Geburtsort Delos nach dem Olymp reist.
V. 74. Ehre bestimmet. Herodot II, 53. sagt: „Homer und Hesiod waren
es, welche den Griechen ihre „Theogonie" (Götterlehre) gemacht (d. h. geschaffen, oder
in dichterische Form gebracht) und den Göttern ihre Beinamen gegeben, ihre verschiedenen Ehren und Künste vertheilt und ihre Gestalten (oder nach anderer Lesart: Cha-
raktere) bezeichnet haben."

Endlich Kalliope noch, — sie, welche die höchste von allen,
Weil sie den Königen folgt, ehrwürd'gen, in ihrem Geleite.   80
Welchen die Töchter des Zeus, des erhabenen, ehren und wen sie
Bei der Geburt anschaun vom Stamme der göttlichen Herrscher,
Diesem benetzen sie dann mit lieblichem Thaue die Zunge,
Daß ihm milde das Wort vom Mund hinströme; die Völker
Schauen gesammt auf ihn, wenn Er entscheidendes Urtheil   85
Gibt nach richtigem Recht; denn sprechend, ohne zu fehlen,
Hat er geschwind auch mächtigen Zank gar weise beendigt;
Deßhalb haben die Kön'ge Verstand, auf daß sie den Leuten
Für den erlittenen Schaden Ersatz auf dem Markte verschaffen
Ohne Bemühn, durch Zuspruch nur in gefälligem Worte.   90
Geht er die Straß' entlang, — gleich Göttern, wird er in Ehrfurcht
Freundlich begrüßt und ist der Erhabenste in der Versammlung;
Also gewähret die Muse den Sterblichen heilige Gaben.
Denn von der Musen Geschlecht und dem Fernhintreffer Apollo
Stammen die Sänger auf Erden und saitenspielende Männer,   95
Aber die Kön'ge von Zeus. Glückselige, welche die Muse
Liebt! Wie strömet doch ihnen so süß vom Munde die Rede!
Trägt auch Einer ein Leid in der neuverwundeten Seele,
Wird ganz hager, bekümmert im Geist; jetzt aber ein Sänger,
Diener der Musen, erhebt vom Ruhme der früheren Menschen   100
Festliches Lied, von den seligen Göttern in dem Olympos, —
Schnelle vergißt er den Gram alsdann und denket der Sorgen
Nimmer; es hat ihn schnelle der Göttinnen Gabe gewandelt.
Lebt nun wohl, ihr Kinder des Zeus; gebt lieblichen Sang mir!
[Preiset den heiligen Stamm der unsterblichen, ewigen Götter,   105
Welche der Erd' entsproßten, dem sternebesäeten Himmel,
Dunkler Nacht, und welche die salzige Tiefe genährt hat.

V. 79. Kalliope, Muse des Heldengedichts, welche „den Königen folgt", weil
die Thaten großer Könige der Nachwelt nicht verschwiegen bleiben.
V. 81. Wen sie. Der Uebergang auf die Gesammtheit der Musen und die
Stelle von der Beredtsamkeit der Könige erregt Verdacht der Unächtheit.
V. 104. Lebt nun wohl. Schluß der Einleitung. Die folgenden Verse
105—115 verdanken einem späteren, ungeschickten Poeten ihr Dasein; namentlich ist
V. 106 verkehrt, weil die Götter nach der Theogonie keineswegs zuerst entsprossen sind.

Kündiget mir, wie die Götter zuerst und die Erde geworden,
Flüsse zumal und unendliches Meer mit brausender Wallung,
Leuchtende Sterne, sowie dort oben die Räume des Himmels, — 110
Welche der Götter daraus entsproßten, die Geber des Guten,
Wie sie die Macht dann schieden und jegliche Ehre vertheilten,
Und auch, wie sie zuerst des Olymps Bergthale bewohnten.
All' dieß meldet, o Musen, olympische Häuser bewohnend,
Mir vom Beginn, und sagt, was wurde das Erste von ihnen?] 115
Nun als frühestes wurde vor Allen das Chaos; hierauf kam
Gäa mit breiter Brust, ein dauernder Sitz für die Götter,
[Sämmtliche, welche bewohnen die Höh'n des beschneiten Olympos,]
Tartaros' finstere Kluft im Grunde der räumigen Erde,
Eros zugleich, — er, welcher der schönste der ewigen Götter, 120
Sorgen vertreibt und der Götter gesammt und sämmtlicher Menschen
Herz im Busen bezwingt und nachdenksame Berathung.
Chaos zeugte des Erebos Graun und die finstere Nacht dann;
Aber der Nacht entstammte das Licht, entstammte der Tagglanz,
Die sie geboren, dem Erebos einst in Liebe gesellet. 125

V. 112. Die Macht dann schieden, d. h. die Welt theilten, so daß Jupiter, Poseidon und Pluto — jeder sein Reich bekam. Die Ehren sind ihre Aemter und Verrichtungen.

V. 116. Chaos, ein Begriff, der schon von den alten Philosophen, die es (wie die neuen!) vortheilhaft fanden, in scheinbarer Uebereinstimmung mit den heiligen Büchern zu stehen, auf vielfache Weise sich ausdeuten und verdrehen lassen mußte. Thales und Pherekydes fanden nach ihrem System das Wasser, Bacchylides die Luft darin. Richtiger faßt man es als den ursprünglichen Schlund, Urabgrund, d. h. in Uebereinstimmung mit Aristoteles als den leeren Raum.

V. 117. Brust der Erde weist auf ihre weiten Ebenen hin; ähnlich wird oft vom Scheitel, Haupt, Rücken, Fuß der Gebirge gesprochen.

V. 118. Olympos, hier unzeitig früh erwähnt.

V. 119. Tartaros, die inneren Tiefen der Erde, von denen die sich wiederholenden (— Tar-tar —) Erderschütterungen kommen, worauf der Name im Griechischen anspielt.

V. 120. Eros, Amor, die Liebe; — das vereinigende, lebenzeugende Princip; einige Alte deuteten Eros fälschlich als Feuer.

V. 123. Erebos, „tiefe Finsterniß", und seine Schwester Nacht zeugten Licht und Tag, d. h. letztere folgten auf erstere.

Gåa erzeugete drauf, ganz gleich ihr selber, am ersten
Dort den gestirneten Himmel, damit er sie gänzlich umhülle
Und auch wäre den Seligen stets ein sicherer Wohnplatz;
Zeugte die hohen Gebirge, der Göttinnen holde Behausung,
[Welche da wohnen, die Nymphen, entlang tiefschluchtige Berge.] 130
Auch das verödete Meer mit brausender Woge gebar sie
Ohne die freundliche Liebe, den Pontos; spätere Zeit dann
Zeugte, vom Himmel umarmt, sie Okeanos' wirbelnde Tiefen,
Köos auch und Kreios, Japetos und Hyperion,
Theia sodann und Rheia, Mnemosyne dann und Themis,   135
Phöbe, die goldumkränzte, darauf und die liebliche Tethys.
Drauf ward Kronos geboren, der jüngste, verschlagenen Sinnes,
Er, das schrecklichste Kind; Er haßte den blühenden Vater.
Wieder gebar sie darauf die Kyklopen, trotzigen Herzens,

V. 126. **Ganz gleich ihr selber.** Der Himmel ist der Erde gleich an
Gestalt — als rund, — an Ausdehnung, weil er sie gerade ganz umspannt, an Stoff,
weil der Himmel nach antiker Vorstellung von Metall ist und Metalle auch den Kern
der Erde bilden. Daß aber die Erde den Himmel erzeugt, kommt daher, daß nach
dem Scholiasten „die Erde das Centrum ist, die ganze Kugel aber von dem Centrum
ausgeht."
V. 130. Unächter Vers, was schon die ungeschickte Erwähnung der Berge in
zwei sich folgenden Zeilen vermuthen läßt.
V. 132. **Pontos,** das Meer ist „ohne die freundliche Liebe" gezeugt, weil es
— Salzwasser enthält. Unter Okeanos dagegen ist der große weltumgebende Strom
verstanden, der die Quelle aller Flüsse mit süßem Wasser bildet, aber allerdings selbst
auch wieder gespeist wird von der Erde und dem Himmel, sofern die Dünste sich erheben, als Regen niederfallen ꝛc.
V. 134. **Okeanos ꝛc. — Kronos.** Hier sind die 12 ältesten Naturgötter ver-
zeichnet, je 6 männliche und 6 weibliche. Man nennt sie **Titanen,** d. h. Strebende
— **Urkräfte der Natur,** sowohl in der äußeren, als der inneren. Zu der ersteren
Klasse gehört Okeanos, **Hyperion** (das Leichte und Lichte), **Phöbe** (von ähn-
licher Beziehung auf das Licht), **Japetos** (der nach dem Etymol. M. die Schwere
bezeichnen soll ꝛc.); in die zweite Klasse ist zu setzen **Mnemosyne** (Gedächtniß),
Themis (Recht ꝛc.), **Kos** (der Denkende ꝛc.). Später wurde der Name noch auf
mehrere ausgedehnt.
V. 137. **Kronos,** der Vollendende, oder Gott der Zeit.
V. 138. **blühend,** weil er Alles blühend macht, oder im Hinblick auf seinen
eigenen zahlreichen Kindersegen.
V. 139. **Kyklopen,** die mit dem runden Auge; bei Hesiod dem Titanengeschlecht verwandt, von den Homerischen und späteren wohl zu unterscheiden.

Brontes, Steropes auch und Arges' finstere Seele,   140
[Welche dem Zeus dann gaben den Donner und schufen die Blitze.]
Wohl im Anderen waren sie ganz den Unsterblichen ähnlich,
Aber ein einziges Aug', — das lag in der Mitte der Stirne.
[Diese entstammten von Göttern als redende, sterbliche Wesen;
Und „Kyklopen" benannte man alle mit Namen, dieweil ja
Rundlich ein einziges Aug' in die Mitte der Stirne gelegt war;] 145
Kraft und Stärke jedoch und Kunst — das hatte die Arbeit!

Aber noch Andere waren der Erd' und dem Himmel entsprossen,
Drei großmächtige Söhne, gewaltige, nimmer zu nennen,
Kottos und Briaros und Gyes, — hochmüthige Kinder!
Hundert Arme zumal entstrebten der Schulter an ihnen,   150
Rohes Gebild'; auch waren an Jeglichem fünfzig Köpfe
Ueber der Schulter gewachsen heraus, auf riesigen Gliedern;
Unnahbar war ihre Gewalt bei mächtigem Ausseh'n.
Denn von Sämmtlichen, welche die Erde gezeugt mit dem Himmel,
Waren die schrecklichsten sie; sie haßte der eigene Vater   155
Seit dem Beginn.   Sobald ein Jeglicher wurde geboren,
Alle verbarg er und ließ sie nimmer zum Lichte nach oben,
Barg sie im Schooße der Erd' und freute der sündigen That sich,
Uranos; innerlich aber erseufzte die mächtige Gäa
Jammerbedrängt und sann auf bößliche Künste der Arglist.   160
Alsbald machte sie drauf das Erzeugniß gräulichen Demants,
Schuf die gewaltige Hippe daraus und belehrte die Kinder,
Redet' ermuthigend also, — betrübt im Grunde des Herzens:
  „Kinder von mir und dem Vater, dem Frevler, sobald ihr ge-
                              willt seid

V. 140. Brontes, Steropes, Arges. Donner, Blitz, Strahl.

V. 149. Kottos, Briaros, Gyes. „Riese, Furchtbar, Gewaltig", Namen
der drei Hundertarmigen, worunter Einige das Wasser, Andere wohl richtiger den
Winter mit seinen Stürmen verstehen.

V. 157. Sinn; die Urkräfte der Natur wirken und schaffen hauptsächlich im
verborgenen Innern der Erde, — oder: der chaotische Zustand aller Elemente war so
groß, daß keine einzelne Kraft recht sichtbar werden und durchbringen konnte.

V. 161. Demant, griechisch Adamas, heißt eigentlich das Unbezwingliche;
hier ist Eisen gemeint, wie aus dem Attribut „gräulich" erhellt.

Mir zu gehorchen, so können wir rächen an eurem Erzeuger   165
Alle die Schmach; Er übte zuerst solch' schimpfliche Thaten!"
Sprach's; da faßte sie Alle die Furcht und keiner von ihnen
Redete; nur der gewalt'ge, der unausforschliche Kronos
Muthiggefaßt entgegnete drauf der erhabenen Mutter:
„Mutter, ich willige gerne darein und möchte vollenden   170
Gern dieß Werk; denn um unsern verrufenen Vater bekümmr' ich
Gar mich nicht; Er übte zuerst solch' schimpfliche Thaten!"
Sprach's; da freute sich hoch in dem Herzen die riesige Gäa,
Setzt' ihn in den verborgenen Halt und legt' in die Hand ihm
Jetzo die zahnige Hipp' und lehrt' ihn sämmtliche Listen.   175
Und der gewaltige Uranos kam und brachte die Nacht mit;
Sehnsuchtsvoll nach Lieb', umarmt' er die Gäa und dehnt sich
Allwärts; aber da griff aus dem Hinterhalt mit der Linken
Jetzo der Sohn; mit der Rechten erfaßt' er die riesige Hippe,
Lang und spitzigen Zahns, und mähte dem eigenen Vater   180
Schnelle die Scham nun ab und warf im Fluge sie wieder
Rückwärts; traun, und nimmer umsonst entfloh sie den Händen.
Denn wie viele der blutigen Tropfen hinuntergefallen,
Sämmtliche faßte die Erde sich auf und im Laufe der Jahre
Zeugte sie mächt'ge Erinnyen draus und große Giganten,   185
[Glänzend im Schmucke der Waffen, die ragende Lanz' in den Händen.]
Nymphen dabei, die man melische nennt auf unendlicher Erde.

V. 175. zahnig, weil man das Schleifen noch nicht verstand.

V. 181. Sinn: es treten von jetzt an keine neuen wilden Naturkräfte mehr auf; die Produktionskraft hat aufgehört; dagegen tritt Kronos (der Vollender) jetzt als Herrscher auf und es bilden sich mit der „Zeit" geregeltere Gestaltungen.

V. 185. Erinnyen, die „Nachspürenden", lat. Furiae, Rächerinnen (späterhin auch Anstifterinnen) des Frevels, gehören bei dem Gegenstande ihrer Thätigkeit füglich dem Reiche der Finsterniß an. Daß sie aus der Mißhandlung eines Vaters durch den Sohn entstehen, weist auf die kindliche Pflicht gegenüber den Eltern hin.

Giganten, vielleicht: „Erdgeborene", personifizirte Erdkräfte; kommen bei Hesiod nicht weiter vor und werden späterhin oft mit den Titanen verwechselt.

V. 187. Melische Nymphen, in dieser Stelle nicht näher zu erklären; bei Späteren sind sie Ammen des Zeus; ihre Zahl betrug neun.

Aber sobald er die Scham mit der Demanthippe gemähet
Und sie geworfen hinab vom Land in die brandende Meerfluth:
Also schwamm sie dahin durch's Meer gar lange; da hob sich 190
Weißlicher Schaum am unsterblichen Fleisch und drinnen erwuchs ein
Mägdlein, welches am ersten Kytheras göttlicher Insel
Nahte, von hier alsdann zur umflossenen Kypros gelangte,
Ausstieg dort als Göttin, verehrliche, schöne; da wuchs rings
Unter den niedlichen Füßen das Gras; die heißt „Aphrodite", 195
„Schaumentsprossete Göttin" und herrlich im Kranz „Kythereia"
Bei den Unsterblichen jetzt und Sterblichen, weil sie im Schaume
Aufwuchs; doch „Kythereia", dieweil sie Kythera genaht war;
„Kyprosentsprungene", weil sie entsprang im umwogeten Kypros.
Eros geleitete sie und der liebliche Himeros folgt' ihr, 200
Als sie, soeben geboren, hinauf zu der Götter Geschlecht ging.
Und von Beginn war dieß ihr Preis und köstlicher Antheil
Unter den Menschen sowohl, als bei den unsterblichen Göttern:
Jungfraunhaftes Gelispel und freundliches Lachen, Betrügen, 205
Wonnige Lust und Liebesumarmung, süße Genüsse.
Jene dagegen benannt' im Scheltwort der Vater: „Titanen",
Söhne, die Uranos einst, der gewaltige, selber gezeugt hat.
Denn Er sagte: „sie hätten die Hand in die Sünde gestrecket
Und das Verbrechen verübt; deß werd' einst kommen die Rache!" 210
Nacht — die gebar nun das dunkle Geschick und die finstere Ker und
Ferner den Tod, — nach diesen den Schlaf und der Träume
Geschlechter;

V. 192. Kythera, Insel an der Südspitze von Lakonien.

V. 193. Kypros, Cypern, wo es auch eine kleine Stadt Kythera gab.

V. 195. Aphrodite, „Schaumentsprungene", nach anderer Ableitung „die Göttin des weichlichen Lebens".

V. 200. Eros und Himeros. Amor und Cupido erscheinen hier noch als zwei Wesen und als Begleiter, nicht als Kinder der Venus. Vor diesem Verse steht noch ein anderer unächter, auch wegen seines unsaubern Inhalts leicht entbehrlicher.

V. 206. Hier fehlt bei Hesiod die weitere Erzählung, wie Kronos jetzt das Reich einnahm.

V. 207. Titanen. Dieses Wort wird hier von Hesiod auf eine andere, unübersetzbare Weise so erklärt, daß es nicht sowohl „Strebende", tendones, als vielmehr „Verbrecher" bedeutet, „Streckende", die ihre Hand nach der Sünde ausstrecken.

V. 211. Ker ist die einzelne Todesart. Die Mehrzahl V. 217.

Keinem gesellt hat die Göttin, die dunkele Nacht, sie geboren,
Wieder den Momos darauf, nicht minder die schmerzliche Trübsal,
Hesperiden zugleich, so die goldenen Aepfel bewachen   215
Ueber des Oceans herrlichem Strom und gesegnete Bäume, —
[Weiter die Moiren, — die Keren, die Strafenden ohne Erbarmung, —
Klotho, Lachesis auch und Atropos, welche den Menschen
Bei der Geburt schon geben, zu haben das Glück wie das Unglück,
Welche der Menschen und Götter Vergehungen alle verfolgend   220
Nimmer und nie ablassen, die Hehren, von schrecklichem Ingrimm,
Bis sie die Züchtigung schmerzlich ertheilt dem, welcher gefehlt hat.]
Nemesis ferner gebar sie, zum Leide den sterblichen Menschen,
Sie, die verderbliche Nacht, den Betrug dann und die Umarmung,
Auch unseliges Alter und Eris kräftigen Muthes.   225
Aber die traurige Eris gebar mühselige Arbeit,

V. 213. **Keinem gesellt.** Die folgenden Kinder sind solche, daß es ganz passend erscheint, wenn sie ganz ohne Gemeinschaft der Liebe von der Nacht allein geboren werden.

V. 214. **Momos,** die personifizirte Tadelsucht, — allerdings ein Erzeugniß der Nacht! Momos zerplatzte später vor Aerger, weil er an Aphrodite nichts auszusetzen fand.

V. 215. **Hesperiden** sind dem Namen nach jedenfalls Göttinnen im Westen, wo die Sonne untergeht; unter den goldenen Aepfeln verstand man schon die Sterne; Herkules, der die Aepfel holt und wegnimmt, soll die Sonne selbst sein, durch deren Licht die Sterne verschwinden.

V. 217. Die **Moiren,** Parcen, Schicksalsgöttinnen; **Klotho** "spinnt" den Faden des Lebens an, **Lachesis** führt ihn als menschliches "Loos" weiter fort; **Atropos** (die Unabwendbare) schneidet ihn mit der Scheere ab. Somit beziehen sich diese drei zusammengehörigen Gestalten auf Geburt, Lebensdauer und Tod.

Keren, schon V. 211 erwähnt; die eingeschlossenen Verse sind schwerlich ächt. Doch ist es wahr, daß Moira und Ker, d. h. Tod und Todesart, vielfach als Strafe der Sünde angesehen werden kann.

V. 223. **Nemesis,** eigentlich die "Vertheilerin" des Looses, besonders der Strafe, daher Rächerin.

V. 224. **Betrug,** der im Trüben fischt, **Umarmung,** d. h. hier blinde, sinnliche Liebe, **Alter,** dem gleichfalls Sehen und Hören vergeht, **Eris,** Streitsucht, die für das Wahre blind ist und blind macht, können füglich als Kinder der Nacht geschildert werden.

Sammt der Vergessenheit, Hunger und thränenerregendem Kummer,
Schlachten zumal, Todtschlag und Kämpf' und Männerermordung,
Hader zumal und Lüg', und Red' und entgegnende Rede,
Widergesetzliches Wesen und Thorheit, enge vereinigt,   230
Endlich den Eid, der am meisten den menschlichen Erdebewohnern
Schadet, sobald wohl Einer mit Absicht fälschlichen Schwur that.

Nereus aber, den wahren, untrüglichen, zeugete Pontos,
Sämmtlicher Kinder den Aeltesten ihn; und er heißet „der Alte“,
Weil er unfehlbar ist und huldvoll und des Gesetzes   235
Nimmer vergißt und nährt nur rechtliche, milde Gesinnung.
Wiederum dann den gewaltigen Thaumas, den herrlichen Phorkys
Zeugt' er, der Erde gesellt, und die purpurwangige Keto,
Auch Eurybia noch mit dem Demantherzen im Innern.

Nereus wurden geboren von Göttinnen liebliche Kinder   240
Im unwirthlichen Meere; von Doris, lockigen Haares, —
Ihr, des Okeanos Tochter, des mächtigen Stromes am Ende:
Proto und Eukrante und Sao und Amphitrite,
Auch Eudora, sodann Thetis, dann Glauke, Galene,
Speio, Kymothoe, Thoa, die liebliche Halia, ferner   245
Melite, anmuthsvoll, — Eulimene, weiter Agaue,
Erato, Pasithea, Euneike mit rosigem Arme,
Doto sodann und Proto, Pherusa, Dynamene, ferner
Auch Nesäa, darauf Aktäa, Protomedia,
Doris, Panope dann und die schöne Gestalt Galateas,   250
Auch Hippothoe's Reiz und Hipponoe rosigen Armes;
Auch Kymodoke, welche die Wellen im finsteren Pontos
Und der gewaltigen Winde Getos' mit Kymatolege

V. 227. Vergessenheit, Nachlässigkeit in Erfüllung der Pflichten ist oft die
natürliche Folge des Haders und Streits.

V. 233. Nereus, der „Nichtfließende“, d. h. der stille Grund in der Tiefe, ist
ein Sohn des Pontos, weil er ein Theil des ganzen Meeres ist.

V. 234. Der Alte ist somit Ausdruck der Würde, nicht der Lebensdauer.

V. 240. Kinder der Göttinnen sind Töchter, indem das Geschlecht schon
durch die Mütter angedeutet wird.

V. 247. Euneike, die den Ankern nachgibt, sie schont.

V. 252. Kymatolege, welche die Wellen aufhören läßt.

Und mit der Göttin von nieblichem Fuß, Amphitrite, besänftigt;
Kymo, Eïone dann, auch — prächtig bekränzt — Halimede,   255
Auch Glaukonome ferner, die lächelnde, — Pontoporeïa,
Und Leiagora ferner, Euagora, Laomedeia,
Auch die Polynome dann, Autonoe, Lysianassa,
Und Euarne mit lieblichem Wuchs, untablichem Ansehn,
Psamathe, hold am Leibe, die göttlichschöne Menippe,   260
Neso und Eupompe, Themisto, Pronoe, — ferner
Auch Nemertes, vom Geiste beseelt des unsterblichen Vaters.
Diese gesammt entsprossen einst dem untablichen Nereus,
Fünfzig Töchter zumal, untablicher Werke verständig.

Thaumas führte des tief hinströmenden Oleans Tochter —   265
Einst, Elektra, nach Haus; da gebar sie die hurtige Iris,
Herrlichgelockte Harpyien, Okypete sammt der Aëllo,
Welche so schnell, als Windesgebrauf' und hurtige Vögel,
Fliegen mit eiliger Schwinge dahin; die jagten, der Zeit gleich.
Keto mit rosiger Wange gebar nun dem Phorkys die Grajen, 270
Von der Geburt an grau; (drum werden sie Grajen genennet
Von den unsterblichen Göttern und erdburchwandelnden Menschen;)
Schönen Gewands Pephredo, — Enyo im Safrangewande,
Und die Gorgonen, die über dem herrlichen Ocean wohnen,

V. 262. Nemertes, „die Untrügliche", scheint überzählig, sofern sie die ein-
undfünfzigste ist; vielleicht fordert der Text eine kleine Berichtigung.

V. 265—336 folgen Erzählungen, die zwar einen physikalischen Inhalt haben,
aber doch so sehr sich auf einzelne Gegenden Griechenlands beziehen, daß sie sich mit
der allgemeinen Kosmogonie, welche der Dichter bisher behandelt hat, nicht völlig gut
zusammenreimen. Die Harpyien (vielleicht ansteckende Krankheitsstoffe), welche von den
Söhnen des Boreas vertrieben worden sein sollen, gehören nach Thracien, die Grajen
mit den Gorgonen und Bellerophon nach Argolis ꝛc.

V. 270. Die Grajen und Gorgonen scheinen den gleichen Begriff auszu-
brücken, — den der Unfruchtbarkeit, jene der aktiven, diese sozusagen der passiven;
denn mit grauen Haaren schon geboren zu werden, ist hierin das Höchste.

V. 274. über dem Ocean, auf den dortigen Inseln.

Hart an der Gränze der Nacht, wo die fingenden Hesperiden,   275
Stheino, Euryale auch, und Medusa, die jammergeprüfte.
Sie war sterblich, die anderen zwei unsterblicher Art und
Ewiglich jung; da gesellte der Dunkelgelockte der Letzten
Sich auf grafiger Wies' und duftenden Blumen des Frühlings.
Aber da Perseus jetzo das Haupt ihr vom Halse gehauen,   280
Sprang der gewalt'ge Chrysaor heraus und das Pegasospferd mit.
[Dieses benannte man also, dieweil es an Oceans „Quellen"
Wurde geboren, — den Ersten vom goldenen Schwert in den Händen.
Jenes entflog und schied von der Erde, der Mutter der Schafe,
Kam zu den Seligen droben und wohnt im Palaste des Höchsten,   285
Wo es den Donner und Blitz nunmehr dem berathenden Zeus bringt.]
  Aber Chrysaor erzeugte Geryones, dreifachen Hauptes,
Als er Kallirhoë liebte, des edlen Okeanos Tochter.
Diesen ermordete später die mächtige Kraft des Herakles
Bei schleppfüßigen Stieren im Inselland Erytheia   290
Selbigen Tags, als er breitstirnige Stiere dahintrieb
In das geheiligte Tiryns, hinüber Okeanos' Enge,
Wie er den Orthos erlegt und Eurytios, Hirten der Rinder,
Dort in dem finstern Gehege, dem herrlichen Ocean jenseits.
  Und sie gebar noch ein anderes Wunder, — schrecklich, in nichts
                                                         gleich   295
Sterblichen Menschen sowohl, als auch unsterblichen Göttern, —
In der geräumigen Höhle, die göttliche, wilde Echidna,
Halb ein Mädchen mit rollendem Aug' und rosiger Wange,
Halb auch eine gewaltige Schlang' entsetzlicher Größe,
[Bunt an Farbe, gefräßig, in Tiefen der göttlichen Erde.   300
Dort hat jene die Kluft, tief unten in felsiger Höhlung,

B. 275. fingenden. Aristoteles bei Schol.: „weil die Sterne sich nach einer
mufikalischen Harmonie bewegen". Vgl. die Anm. zu B. 215.

B. 279. Pegasus, von πηγή „Quelle".

B. 286. Nur Hesiod hat diese Sage vom Pegasos, der dem Jupiter die Blitze
von den Kyklopen des Aetna heraufträgt, oder auf einem Wagen herbeizieht.

B. 294. Orthos und Eurytios. „Hoch und breit", d. h. die Höhe der
Berge und die Ausdehnung der Ebenen schützten ihm seine Heerden.

Fern den unsterblichen Göttern und ferne den sterblichen Menschen;
Allda verliehn ihr die Götter, im herrlichen Hause zu wohnen.]
Unter dem Boden in Arima lag die betrübte Echidna,
Jungfrau, frei vom Tod und Alter in ewige Zeiten.   305
Dort (heißt's) habe sich ihr Typhaon in Liebe gesellet,
Schrecklich, ein trotziger Frevler, der munterblickenden Dirne;
Und da empfing sie von ihm und gebar starksinnige Kinder.
Orthos erzeugte, den Hund, sie zuerst dem Geryones; alsdann
Wieder zum zweiten gebar sie den unaussprechlichen, furchtbar'n 310
Kerberos, grausam, des Aides Hund mit der ehernen Stimme;
Fünfzig Köpfe besitzt er und ist schamlos und gewaltig.
Wieder zum dritten gebar sie die unheilsinnende Hyder
Lernas, welche ernährte die lilienarmige Göttin
Hera, dieweil sie so arg stets zürnte der Kraft des Herakles.   315
Doch Zeus' Sprosse erlegte sie dann mit dem schrecklichen Erze —
Er, Amphitryos' Enkel, Herakles, sammt Jolaus,
Tapferen Muths, durch List der Erbeuterin, Pallas Athene.
Auch die Chimära gebar sie, die flammende Gluten hinausblies,
Schrecklich und groß und an Füßen behend und von mächtiger
                                        Stärke;   320
Diese besaß drei Köpfe: der eine vom blitzenden Löwen,
Dann von der Ziege, zuletzt von der Schlange, dem mächtigen Drachen.
[Vorn ein Löwe und mitten die Schlang' und hinten die Ziege,
Sprühend in gräßlicher Weise die Glut helllodernden Feuers.]
Pegasus tödtete sie und der tapfere Bellerophontes.   325
Und sie gebar auch Phix, dem kadmäischen Volke zum Unheil,
Da sie dem Orthos diente als Weib, — und den Löwen Nemea's,
Welchen die Hera nährte, des Zeus' ehrwürdige Gattin,
Und in Nemea's Au'n dann setzte zum Schaden der Menschen.
Wie er daselbst nun wohnte, befiel er die Menschengeschlechter,   330

V. 304. **Arima**, Wohnsitz der Arimer, eines alten Stammes in Mysien; der Name ist verwandt mit Aramäer (= Syrer).
V. 311. **eherne Stimme**. Diese Bezeichnung weist darauf hin, daß die Trompete ein sehr frühe erfundenes Instrument war.
V. 325. D. h. Bellerophon mit dem Pegasus.
V. 326. **Phix**, woher der phikische Berg bei Thebe benannt ist.

Herrschend in Apesas und im Tretosgebirge Nemela's,
Bis ihn endlich erlegte die Stärke des Helden Herakles.
Keto gebar als jüngstes, dem Phorkys in Liebe vereinigt,
Eine gefährliche Schlange, die tief in der finsteren Erde
An dem entlegenen Ende die goldenen Aepfel behütet.   335
Dieß nun waren von Keto und Phorkys ihre Gebornen.

Tethys aber gebar dem Okeanos wirbelnde Flüsse,
Neilos, dann Alpheios, Eridanos' tiefe Gewässer,
Strymon und Mäander und Istros' herrliche Fluthen,
Phasis, dann Rhesos, Acheloos' silberne Wirbel,   340
Nessos, Rhodios, und Heptaporos und Hallakmon,
Auch Granikos, Aesepos, des Simois göttliche Strömung,
Dann Peneios und Hermos, die prächtige Fluth des Kaikos
Und Sangarios' mächtigen Strom, Parthenios, Ladon;
Auch Euenos, Ardeskos, am Ende den hehren Skamander.   345
Und so gebar sie der Töchter geheiligte Schaar, die auf Erden
Knaben zu Männern erziehn mit Apollo, dem göttlichen Herrscher,

---

V. 331. Tretos, Berg bei Nemea mit einer Höhle; Apesas, Berg in der gleichen Gegend.

V. 334. Schlange, bei Späteren heißt sie Lado.

V. 337—345. Eine für Hesiod's geographische Kenntnisse merkwürdige Stelle. Er nennt zuerst den Nil mit diesem Namen, während er bei Homer noch Aegyptos heißt; aus Kolchis wird der Phasis erwähnt, aus Skythien der Ister (Donau) und Ardeskus, aus Macedonien der Hallakmon, aus Thrakien der Strymon und Nessus, aus Epirus der Achelous und Evenus, aus dem Peloponnes der Alpheus und Lado, aus Thessalien der Peneus, ja sogar aus Italien der Eridanus (Po). Die übrigen Flüsse in Europa sind ihm unbekannt, während er dagegen mit asiatischen Flüssen, besonders aus der Umgegend von Troja, sehr reichlich versehen ist. Zum Trojanischen Reich gehört nämlich der Skamander, Simois, Sangarius, Rhodius, Nessus, Heptaporus, Granikus, Aesepus, zu Lydien der Mäander und Hermus, zu Mysien der Kaikus, zu Paphlagonien der Parthenius. Höchst auffallend ist das völlige Uebergehen von den Flüssen Böotiens, das doch die Heimath des Dichters war!

V. 339. Ister. Die Erwähnung dieses Flusses beweist, daß man bereits über das schwarze Meer zu sehen wagte.

V. 347. Apollo und den Flüssen weihten die Jünglinge ihr Haar als Dank für ihr Heranwachsen; denn alles wächst nur durch Wasser und Wärme. Auch ist Licht und Wasser Symbol der Reinheit für Leib und Seele.

Und mit den Flüssen; es ist ja von Zeus dieß ihre Bestimmung.
Peitho war's, Admete, Jánthe, ferner Elektra,
Doris drauf und Prymno, Urania, göttlichen Ansehns,   350
Klymene drauf und Hippo, Kallirrhoe, ferner Rhodeia,
Zeuxo, Klytia drauf, Eidyia; Pasithoe war es,
Auch Galaxaura, Plexaura, die liebenswürd'ge Dione,
Dann Melobosis, Thoa, die schöne Gestalt Polydoras,
Dann Kerkeïs von lieblichem Wuchs, stolzblickende Pluto,   355
Drauf Janeira, Perseïs, Akaste sodann und Xanthe,
Ferner die holde Peträa, Menesto darauf, Europa,
Dann Eurynome, Metis, im Safrankleide Telesto,
Asia, dann Kreneïs, die anmuthsvolle Kalypso,
Tyche mit Amphiro dann, Okyrrhoe sammt Eudora,   360
Endlich die Styx, die herrlicher ist, als alle die andern.
Die nun sind von Okeanos einst und Tethys geboren
Als urälteste Töchter; es folgten noch andere viele.
Denn drei Tausende sind's schlankfüßiger Okeaniden,
Welche, zerstreut in's Weite, die Erd' und die Gründe des Ursees 365
Allwärtshin durchwandeln, der Göttinnen herrliche Kinder.
Ebensoviele sodann mit Gebrauf' hinrauschende Ströme

V. 349. Peitho ꝛc. Die nun folgenden Namen der Okeaniden haben sämmtlich ihre wohlbedachte Bedeutung, die nur nicht mehr bei jeder einzelnen sicher aus-
gemittelt werden kann. Viele beziehen sich auf Länder, die an das Meer angränzen,
z. B. Europa, Asia, Doris, Rhodeia (Rhodus), Perseïs (Persien), Janeira (Jonien?).
Andere Namen bezeichnen verschiedene Eigenschaften des Wassers, z. B. Kallirrhoe
(schön fließend), Okyrrhoe (schnell fließend), Thoe (geschwind), Pluto (bereichernd),
Polydora (gabenreich), Melobosis (Schafe nährend), Admete (unbezwinglich), Elektra
(durchsichtig), Xanthe (von Erde getrübt), Peträa (felsentsprungen), Plexaura (durch
die Luft vom Fels herabstürzend), Krania (von Regengüssen angeschwollen); Idyia
(die Wissende), Metis (Verstand ꝛc.), Tyche (Schicksal). Die letztgenannten Eigenschaften rühren daher, weil die Meergötter — man vergleiche die Erzählung von
Proteus in der Odyssee — namentlich auch die Kunst der Weissagung besitzen. Denn
wenn das Wasser mehr als andere Elemente in die Tiefe durchsichtig ist, — wenn man
auf dem Meere rückwärts und vorwärts dem Raume nach in ungeheure Entfer-
nungen zu schauen vermag, so ergibt sich aus der Anwendung dieses Umstandes auf
die Zeit jene Eigenschaft sehr leicht.

V. 361. Styr (die furchtbare) ist daher die herrlichste. Vergl. auch V. 399)

Sind des Okeanos Söhne, die Tethys, die hehre, geboren.
Aber ein Sterblicher kann nicht alle mit Namen benennen;
Die nur wissen es immer, die rings in der Nähe daheim sind.　　370
　　Theia gebar dann Helios' Macht und die lichte Selene;
Eos ferner gebar sie, die Sämmtlichen leuchtet auf Erden,
Wie den unsterblichen Göttern, die wohnen im weiten Olympos;
Diese gebar sie voreinst, Hyperion in Liebe vereinigt.
　　Aber Eurybia zeugte, dem Krios in Liebe gesellet,　　　　375
Sie, die erhabene Göttin, den Pallas, den großen Aströus,
Und Perses, der weit sich in allerlei Listen hervorthat.
　　Doch dem Aströus gebar dann Eos die muthigen Winde,
Zephyros und Argestes und Boreas, hurtigen Wandels,
Notos ferner, in Liebe die Göttin zum Gotte gelagert.　　380
Nachher gebar sie, die Tochter der Frühe, den Bringer des Lichtes,
Leuchtende Sterne daneben, mit welchen der Himmel bekränzt ist.
　　Styx, des Okeanos Tochter, gebar, zum Pallas gesellet,
Zelos zumal und Nike, mit zierlichem Fuß, im Palaste;
Auch von Gewalt und Kraft, den erhabenen, war sie die Mutter, 385
Welchen das Haus nicht ferne von Zeus ist, oder ein Wohnsitz,
Oder ein Gang, auf welchem der Gott nicht ihnen vorangeht;
Nein, stets haben sie nur beim Donnerer Zeus die Behausung.
Denn so berieth dieß Styx, die unendliche Okeanide,
Selbigen Tags, da alle der blitzende Gott des Olympos —　　390
All' die unsterblichen Götter berief zu dem hohen Olympos,
Sprach: „wer jetzo der Götter mit ihm die Titanen bekämpfe,
Nimmer entreiß' Er diesem die Ehren; ein jeder behalte
Selbige Würde, wie früher, im Kreis der unsterblichen Götter.
Wer bei Kronos jedoch nicht Würde noch Ehre bekommen,　　395
Diesen erheb' er zu Ehr' und Würde, so wie's die Gebühr ist!"
Siehe, da eilte zuerst die unendliche Styx zum Olympos
Rasch mit den eigenen Söhnen, des Vaters Rathe gehorsam.
Deßhalb ehrte sie Zeus und schenkt' ihr herrliche Gaben.

V. 377. Perses, Vater der Hekate. Vgl. V. 409.
　　V. 379. Argestes, eigentlich der weiße, helle Wind, d. h. der von Sonnenaufgang kommt und den Himmel aufklärt, nach Andern der Nordwest.
　　V. 386—403 scheinen späteren Ursprungs zu sein.

Denn ſie ſelbſt nun ſollte der Götter gewaltiger Eidſchwur,   400
Aber die Kinder bei ihm auf ewig in ſeinem Palaſt ſein.
Und gleich alſo den Anderen allen, nach der Verheißung,
Hielt er's; denn Er ſelber gebeut als König in Allmacht!
  Phöbe aber gelangte zu Köos' lieblichem Lager
Und alsdann empfing ſie, die Göttin, in Liebe des Gottes;   405
Leto gebar ſie, die dunkelgewandige, freundliche allzeit,
Milde den Menſchen geſinnt und auch den unſterblichen Göttern,
[Freundlich von Anfang an, die gelindeſte in dem Olympos.]
Auch die geprieſ'ne Aſteria gebar ſie darauf, die Perſes
Einſt zu dem herrlichen Hauſe geführt als liebe Gemahlin.   410
[Und ſie empfieng und gebar drauf Hekate, welche vor allen
Zeus, der Kronide, geehrt; er ſchenkt' ihr prächtige Gaben,
Schickſalsmacht auf der Erd' und dem öden Gewäſſer des Meeres.
Unter dem ſternigen Himmel ſogar auch hatte ſie Ehre,
Und bei den ewigen Göttern iſt dieſe geehret am höchſten.   415
Denn auch jetzt, wann Einer der erdebewohnenden Menſchen
Darbringt heilige Opfer und nach dem Geſetz ſie verſöhnet,
Rufet er Hekate an; dann folgt ihm mächtige Ehre
Leicht, wenn freundlich die Göttliche annimmt ſeine Gebete.
Reichthum ſpendet ſie ihm; ſie hat ja das Können in Händen.   420
Denn wie viele von Gäa und Uranos wurden geboren,
Und dann Ehre gewannen: von Allem genießet ſie Antheil;
Niemals that der Kronide Gewalt ihr, oder beraubte
Deſſen ſie, was ſie empfing bei den früheren Göttertitanen,
Nein, ſie behielt's, wie zuerſt, gleich Anfangs, wurde die Theilung.   425
Nicht hat die Göttin, als einziges Kind, ein geringeres Anſehn,
Kleinerer Ehre Geſchenk auf Erden, im Himmel, im Meere;
Nein, viel größeres noch; denn Zeus — der achtet ſie höchlich.
Welchem ſie will, dem naht ſie zu Nutz' und Schutze gewaltig;
In der Verſammlung raget hervor, wen dieſe begünſtigt.   430
Auch wenn Helden ſich waffnen zum männerverderbenden Kriege,
Dann auch nahet die Göttin, um Jeglichem, den ſie begünſtigt,

---

Sieg voll Gnade zu leihn und herrlichen Ruhm zu gewähren;-
Auch im Gericht sitzt Jene bei ehrfurchtwürdigen Herrschern;
Wiederum hilft sie wacker, wenn Männer sich mühen im Wettkampf. 435
Wo sie, die Göttin, auch ihnen zu Schutz und Nutzen herannaht,
Wer durch Kraft und Stärke gesiegt, trägt herrlichen Preis dann
Fröhlich dahin; voll Freude gewähret er Ehre den Eltern!
Wiederum hilft sie wacker den Reisigen, wen sie begünstigt,
Und auch, welche das Meer, das gefährliche, blaue, befahren, 440
Welche zu Hekate flehn und dem brausenden Ländererschütt'rer.
Leicht gibt auch die erhabene Göttin gewaltige Beute;
Leicht entzieht sie die nahe geseh'ne, nach eigenem Willen.
Wacker auch hilft sie mit Hermes, im Stalle das Vieh zu vermehren,
Rinder und Ochsen zumal und schweifende Heerden der Ziegen, 445
Schaaren der wolligen Schafe; soferne sie Einen begünstigt,
Macht sie aus wenigen viel und wenige wieder aus vielen.
Also denn, obwohl sie die einzige Tochter der Mutter,
Ist sie im Kreis der Unsterblichen all' mit Würden geehret;
Und sie bestellete Zeus zu der Jünglinge Horte, die nach ihr 450
Sah'n mit dem Auge die Strahlen der weitumschauenden Eos.
So von Beginn pflegt diese die Jugend; dieß ihre Würden.]

Rhea, gesellt zum Kronos, gebar hellstrahlende Kinder,
Als: Hestia, Demeter und Hera mit goldener Sohle
Und den gewaltigen Hades im unterirdischen Hause, 455
Grimmigen Herzens, — sodann den donnernden Ländererschütt'rer, —
Auch den berathenden Zeus, den Erzeuger der Menschen und Götter,
Der mit dem Donner der Erde gebreitetes Reich macht zittern.
Doch der gewaltige Kronos verschlang dann jeglichen, wie er
Ihm aus der Mutter geheiligtem Schooß auf die Kniee gesetzt ward, 460
Denkend: es soll' ihm keiner der herrlichen Himmelsbewohner
Bei den Unsterblichen sonst empfangen die Ehre des Herrschers.

V. 453. Vor diesem Verse vermuthen Einige eine Lücke, weil die Herrschaft
des Kronos noch nicht erwähnt ist.

Denn er vernahm von der Erde dereinst und dem sternigen Himmel:
Ihm sei künftiger Sturz von dem eigenen Kinde bestimmet,
Trotz all' seiner Gewalt durch Zeus', des Erhabenen, Arglist.   465
Darum wacht' er besorglich und paßte den eigenen Kindern
Auf und verschlang sie; da hatte nun Rhea unendliche Trauer.
Als sie daher Zeus sollte, den Vater der Menschen und Götter,
Jetzo gebären, da flehte sie nun zu den eigenen, theuren
Eltern brünstig, zur Erd' und dem sternebesäeten Himmel,   470
Listigen Rath zu ersinnen mit ihr, daß man die Geburt nicht
Merke des Kinds und sie schwer zücht'ge den Frevel des Vaters,
[Weil ja die Kinder verschlang der gewaltige, listige Kronos.]
Und da vernahmen sie willig die Worte der Tochter, gehorchten
Gerne, verkündeten ihr, was nach dem Geschicke noch werden   475
Sollte mit Kronos, dem König, und seinem gewaltigen Sohne;
[Sandten sie dann nach Lyktos, in Kreta's fette Gefilde,
Wo sie nun eben das jüngste der Kindlein sollte gebären,
Zeus, den erhabenen; den nahm ihr die gewaltige Gäa
Ab im geräumigen Kreta, ihn mütterlich aufzuerziehen!   480
Diese gelangte mit ihm durch die hurtige, dunkele Nacht hin
Erst nach Lyktos, und faßt' ihn dort mit den Händen, versteckt' ihn
Tief in dem steilen Geklüft' im Schooße der göttlichen Erde,
In dem ägäischen Berge, dem schattigen, waldumkränzten, —]
Wickelte einen gewaltigen Stein in die Windel und bracht' ihn   485
Uranos' Sohne, dem Herrscher, der Götter zuvorigem König;
Den mit den Händen erfaßt' er und schlang ihn gierig hinunter, —
Toller! er ahnete nimmer im Geist, daß ihm für die Zukunft
Statt des Gesteins sein Sohn unbesiegt und ohne Bekümm'rung
Blieb; der sollt' ihn bald, mit Gewalt und Händen bezwingend,   490
Stürzen vom Thron und selbst dann bei den Unsterblichen herrschen.
  Hurtig darauf nun hoben die Kraft und die glänzenden Glieder
Sich des gewaltigen Herrn; im Laufe der rollenden Jahre

V. 482. Lyktus, einst mächtige Stadt in Kreta.

V. 483. Ägäischer Berg, Ziegenberg, von der Ziege Amalthea benannt, bezeichnet das Idagebirge; in der Nähe lag die reiche Stadt Knossus.

Gab, von dem trefflichen Rathe der Gäa beliſtet, die eignen
Kinder zurück dann wieder der mächtige, liſtige Kronos,   495
[Völlig besiegt durch die Künſt' und Kräfte des eigenen Sohnes.]
Aber zuerſt — da brach er den Stein aus, den er zuletzt fraß;
Diesen befeſtigte Zeus auf weitumwanderter Erde
In dem geheiligten Pytho und unter Parnaſſos' Berghang,
Fortbin Zeichen zu sein und ein Wunder den ſterblichen Menſchen. 500
[Und so befreit' er die Brüder des Vaters von kläglichen Feſſeln,
Uranos' Stamm, die der Vater gebunden in thörichtem Sinne;
Diese gedachten des Danks ihm jetzt für erwiesene Wohlthat,
Schenkten ihm den Donner dafür und des leuchtenden Blitzſtrahls
Feurigen Glanz, die zuvor die unendliche Erde verborgen;   505
Diesen vertrauend gebeut Zeus Menſchen und ewigen Göttern.]
Aber Japetos führte Okeanos' Tochter, die ſchöne
Jungfrau, Klymene, heim und beſtieg das gemeinſame Lager.
Und sie gebar ein Kind von gewaltigem Geiſte, den Atlas,
Zeugte den ehrebegabten Menötios und den Prometheus   510

B. 494. **Rath der Gäa.** Diese gab ihm nach Apollodorus' ausführlicherer
Erzählung ein Brechmittel, wodurch zuerſt der Stein, sodann die Kinder selbſt wieder
an das Tageslicht kamen. Der Sinn dieses seltsamen Mythus besteht nicht in einem
Zusammenfallen Saturns mit dem phönizischen Moloch. Es soll vielmehr angedeutet
werden, daß einst die ganze Welt in Einer Gottheit gleichsam eingeschlossen war, und
erſt in einer weiteren Entwicklung die große Spaltung in die drei Reiche eintrat, welche
jetzt durch Zeus, Poseidon und Pluto dargeſtellt werden. Hiermit treten überhaupt
neue göttliche Gesetze ein, die ihren Hauptsitz in Delphi (Pytho) haben.

B. 502. **Uranos' Stamm.** Vgl. B. 139 und 147, woraus hervorgeht, daß
die gegenwärtige Vorstellung von den Kyklopen mit der früheren, worin sie keineswegs von Uranos stammen, nicht übereinstimmen würde, folglich B. 502—306 unächt
sind.

B. 507—516. Die Sage von Prometheus und Pandora findet sich auch in den
„Werken und Tagen" B. 42—105. Die theilweise verschiedenartige Behandlung des
gleichen Stoffes erklärt sich aus der Verschiedenheit in dem Charakter und der Tendenz
beider Gedichte. In diesem rein menschlichen Mythus weist — schon dem Namen
nach — Atlas auf die Geduld in Leiden, Prometheus auf die Voraussicht und
Klugheit. Epimetheus auf die geistige Blindheit, die oft erst aus dem Schaden klug
wird, und Menötios auf den Tod hin, der so oft durch allzugroße Kühnheit her-
beigeführt wird.

Schlau und liſtigen Sinns, doch thörichten Sinns Epimetheus,
Welcher von Anfang ward den erfindſamen Menſchen zum Unheil.
Denn er nahm ja zuerſt von Zeus die geſchaffene Jungfrau
Sich zum Weibe; den Frevler Menoitios ſandte der Donn'rer
Zeus in den Orkos hinab, vom flammenden Blitze getroffen   515
Wegen des ſündigen Geiſts und der übergewaltigen Reckheit.
Atlas trägt den unendlichen Himmel, vom Zwange gefeſſelt,
Fern am Rande der Erde, bei ſingenden Hesperiden,
Stehend; er trägt mit dem Haupt und den unermüdlichen Händen.
Dieſes Geſchick ja ertheilte dereinſt der berathende Zeus ihm,   520
Feſſelte dann gar feſt den Prometheus, liſtigen Anſchlags,
Mit dem belaſtenden Band durchſchlingend die mittlere Säule,
Sandte den Aar mit gebreiteter Schwing' ihm; dieſer verzehrt' ihm
Stets die unſterbliche Leber; es wuchs dann überall wieder
Alles bei Nacht, was am Tag der gewaltige Vogel gefreſſen.   525
Aber der kräftige Sohn Alkmene's mit niedlichen Knöcheln,
Tödtete ihn, Herakles, — und wehrte die traurige Krankheit
Japetos' Sohn' und erlöſete ihn vom ſchmerzlichen Gram, nicht
Ohne den Willen des Zeus, des olympiſchen Fürſten der Höhe,
Daß des Herakles Ehre, des Thebageborenen, würde   530
Herrlicher noch, als einſt, auf vielernährender Erde.
Dieſes erwog er mit Acht und ehrte den herrlichen Sprößling;
Und, ob zürnend, ſo gab er den Zorn auf, den er zuvor trug,
Weil er an Klugheit ſtritt mit dem übergewalt'gen Kronion.
Denn als einſt ſich verglichen die Götter und ſterblichen Menſchen 535

V. 513. Zuerſt. Menoitios nahm zuerſt ein Weib; die anderen Menſchen
folgten dann ſeinem Beiſpiele.
V. 518. Hesperiden; es iſt hier die Rede von den Inſeln der Seligen, auf
welche diejenigen, denen Zeus gnädig iſt, nach ihrem Tode gelangen. Sie liegen im
Weſten (Hesperus ſ. v. a. Abendſtern), weil die untergehende Sonne auf das
untergehende Leben hinweiſt. Daher findet ſich auch das Beſte, z. B. Ambroſia,
welche dem Zeus von Tauben zugetragen wird, — die Aepfel der Hesperiden ꝛc. im
Weſten. Es ſind dieß die heutigen Inſeln des grünen Vorgebirgs. Indeſſen halten
Manche ihre, auch von Strabo angenommene, Gleichheit mit den Inſeln der Seligen
für irrig.
V. 535. Die nun folgende Sage gehört dem Peloponnes an und bezieht ſich
auf die Zeiten, in welchen die Verehrung der olympiſchen Götter dahin gelangte.

Dort zu Mekone, da theilt' er den mächtigen Stier mit bedachtem
Sinn in Stücke und legete vor, Zeus' Geist zu betrügen.
Hieher legt' er das Fleisch und in glänzendem Fett die Geweide
Nur in der Haut und deckte sie zu mit dem Magen des Stieres;
Dorthin legt' er des Stiers weißschimmernde Knochen mit Arglist 540
Künstlich geordnet nieder, bedeckt mit glänzendem Fette.
Jetzo zu ihm nun sprach Allvater der Menschen und Götter:
„Japetos' Sprosse, vortrefflichster du von sämmtlichen Herrschern,
Lieber, wie hast du die Theile zerlegt mit befangenem Sinne!"
Also mit neckendem Wort sprach Zeus, der unendlichen Rath
          kennt;   545
Ihm entgegnete wieder Prometheus, listigen Geistes,
Lächelte sanft, doch ohne die trügliche Kunst zu vergessen:
„Zeus, ruhmvollster und größter der ewiggeborenen Götter,
Wähle du, welchen der Theile der Sinn dir im Herzen gebietet!"
Sprach's mit betrüglichem Geist; doch Zeus, der unendlichen Rath
          weiß,   550
Dieser erkannt' es und merkte die List und dachte Verderben
Jetzt für die sterblichen Menschen, das bald auch sollte geschehen!
Drauf mit der Rechten und Linken enthob er das weißliche Stierfett,
Und da ergrimmt' er im Geist und Grollen erfüllte das Herz ihm,
Wie er die weißlichen Knochen des Stiers mit der listigen Kunst
          sah.   555
Seither steht man den Göttern die Stämme der Menschen auf Erden
Immer die weißlichen Knochen verbrennen auf duft'gen Altären.
Aber zu ihm nun sprach, schwer zürnend, der Wolkenversammler:
„Japetos' Sprosse, vor Allen in mancherlei Rathe bewandert,

Anfänglich trugen die Einwohner Bedenken; erst späterhin wurde der neue Kult nach
gewissen Regeln angenommen. Dieß geschah zu Sikyon (s. v. a. Mekone), wo die
ersten Bewohner des Peloponnesus wohnten, und Prometheus soll es nach unserer
Erzählung gewesen sein, der die Auseinandersetzung leitete, wobei man die alten
Götter theils völlig verließ, theils den neuen anfügte.

    V. 539. Magen des Stieres. Dieß galt für ein geringes Stück und wurde
daher öfters den Bettlern gegeben. Wenn daher das Fleisch und die edleren Einge-
weide, Herz, Leber, Lunge, mit diesem Magen zugedeckt wurden, dagegen die Knochen
unter eine Lage von Fett kamen, so entspricht dieß ganz der Absicht einer Täuschung.

Trauter, du haſt noch nicht dein lſtiges Treiben vergeſſen!" 560
Alſo redete Zeus im Grimm, der unendlichen Rath kennt;
Seither nun und künftig, der Täuſchung immer gedenkend,
Gab er den Kläglichen nimmer die Kraft unermüdlichen Feuers, —
Ihnen, dem ſterblichen Menſchengeſchlecht, das die Erde bewohnet.
Doch ihn täuſchte ſobann des Japetos herrlicher Sprößling, 565
Stahl weitſchimmernden Glanz unermüdlichen Feuers und barg ihn
Wohl in der Höhle des Rohrs; das ſchmerzt' in der Tiefe der Seele
Droben den Donnerer Zeus und füllte mit Zorne das Herz ihm,
Als er ſah bei den Menſchen den Strahl weitſchimmernden Feuers.
Schleunig darauf für das Feuer bereitet' er Uebel den Menſchen. 570
Denn da bildete nun aus Erde der herrliche Hinker
Züchtiger Jungfrau gleich ein Gebild nach dem Rathe Kronions.
Gürtel und Schmuck gab ihr die blauäugige Göttin Athene
Sammt hellglänzendem Kleid; und oben am Haupte des Schleiers
Künſtlich Geweb', — das hielt ſie mit Händen, ein Wunder zum
                                    Anſchaun; 575
Liebliche Kränze darauf, ganz friſch mit Geblüme der Wieſen,
Legte ſie ihr um's Haupt, die erhabene Pallas Athene;
Und ſo legte ſie auch auf's Haupt ein Golddiadem ihr,
Welches er ſelber gefertigt, der hinkende Künſtler Hephäſtos,
Fein mit der Hand arbeitend, dem Vater Zeus zu Gefallen. 580
Dran war viel Kunſtreiches gemacht, ein Wunder zum Anſchaun,
Unthier', wie ſie in Menge das Feſtland, oder das Meer zeugt;
Hievon ſetzet' er viele hinein (rings glänzte die Anmuth),
Wunderlich, — ganz, als hätten ſie Stimm' und wären lebendig.
Aber ſobald er für Gutes das liebliche Uebel geſchaffen, 585
Führt' er ſie hin, wo die anderen waren, die Götter und Menſchen,
Freudig im Schmuck der Athene, der Tochter des herrlichen Vaters.
Staunen ergriff die Unſterblichen jetzt und die ſterblichen Menſchen,
Als ſie erblickten den jähen Betrug zu der Menſchen Verderben.
[Denn es entſtammte von ihr das Geſchlecht ſchönblühender Frauen:] 590

V. 571. **Hinker, Hephäſtos,** der von einem Sturze aus dem Himmel einen
lahmen Fuß davangetragen hatte.
V. 585. **er,** nämlich Zeus. Vgl. V. 570.

Ihr entsproßte das leid'ge Geschlecht und die Stämme der Frauen, —
Wohnen zu großem Verderben inmitten der sterblichen Männer,
Theilen die klägliche Noth niemals, nein, bloß die Verschwendung.
Wie wenn tief in dem Bau der gewölbten Körbe die Bienen
Drohnengezücht aufziehen, der böslichen Werke Genossen: — 595
Jene den völligen Tag, bis spät sich die Sonne gesenket,
Mühen sich allzeit ab und legen das weißliche Wachs ein;
Diese verbleiben darin, im Bau der gewölbten Stöcke,
Weil sie den fremden Erwerb ansammeln im eigenen Bauche: —
Also gerad' hat den sterblichen Männern zum Leide die Weiber 600
Zeus, der erhabene Donn'rer, gesetzt, gar mißlicher Werke
Schlimme Genossen; er gab noch weiteren Jammer für Gutes.
Wenn man die Heirath flieht und die leidigen Thaten der Weiber,
Nimmer zu freien begehrt, dann kommt in's mißliche Alter:
Muß man ohne des Alters Pfleg', auch wenn es am Geld nicht 605
Fehlt, hinleben, und stirbt man, so theilen das ganze Besitzthum
Ferne Verwandte; doch wen das Geschick zu der Ehe geführt hat,
Daß er ein wackeres Weib mit verständigem Herzen gefunden,
Diesem von jeher sucht in die Wette das Böse mit Gutem
Immer zu nah'n; doch findet er eine von schlimmer Gemüthsart, 610
Lebet er hin und trägt in der Brust unvermeidlichen Jammer
Tief in der Seel' und im Herzen; es ist ein unheilbares Uebel!
So kann Keiner den Willen des Zeus umgehn noch betrügen.
Selbst des Japetos' Sproße, der gütige Helfer Prometheus,
Konnte ja seinen gewichtigen Grimm nicht meiden; gewaltsam 615
Hemmt, wie verständig er ist, ihn dennoch die mächtige Fessel.
Als dem Obriaros groll' einmal in dem Herzen der Vater,
Auch dem Kottos und Gyes: da schlug er sie mächtig in Fesseln,
Staunend ob ihrer unendlichen Kraft und dem stattlichen Aussehn
Und ob der Größe; da setz' er sie tief, tief unter das Erdreich, 620
Wo sie, Schmerzen empfindend, im Erdreichsgrunde beherbergt

B. 617—731 folgt der Kampf der Abkömmlinge des Kronos mit den Titanen
um die Herrschaft. B. 732—755 scheinen erst später hinzugefügt worden zu sein.
B. 617. Obriaros, älterer Name; später Briaros, der „Gewaltige“.
Der Vater, Uranos.

Saßen am äußersten Rand, an dem Ende des mächtigen Weltraums,
Schon gar lange, betrübt, in dem Herzen gewaltigen Kummer;
Aber sie hat der Kronide, sowie die Unsterblichen alle,
Welche die lockige Rhea gebar in der Liebe des Kronos,   625
Wieder hinauf zu dem Lichte geführt nach der Gäa Berathung.
Denn sie hatte ja ihnen in deutlicher Rede geweissagt,
Daß sie mit Jenen den Sieg und herrliche Ehre gewännen.
Lange bekämpften sie sich und hatten so klägliche Mühen, —
Sie, der Titanen göttlicher Stamm und Kronos' Erzeugte;   630
Wider einander kämpften sie all' in schrecklichen Schlachten,
Jene von Othrys' Höhen herunter, die stolzen Titanen,
Und vom Olympos die Andern, die Götter, die Geber des Guten,
Welche die lockige Rhea gebar, zum Kronos gelagert.
Damals stritten sie all' mit einander in schmerzlicher Feldschlacht; 635
Unaufhörlich bekämpften sie sich zehn völlige Jahre.
Und für den schwierigen Streit nicht Lösung, oder Beendung
Fanden sie beide; das Ende des Kriegs — gleich war es gedehnet.
Aber sobald Zeus ihnen die Labung alle gereicht hat,
Nektar sammt Ambrosia, wie Götter es selber genießen,   640
Siehe, da schwoll in Sämmtlicher Brust ihr trotziger Muth an.
Als sie den Nektar genossen, sowie der Ambrosia Labsal,
Jetzo begann bei ihnen der Vater der Menschen und Götter:
    „Höret mich alle, der Erd' und des Himmels wackere Kinder,
Daß ich spreche, sowie mir das Herz in der Brust es gebietet.   645
Denn gar lange bereits ja stehen wir wider einander
Ueber den Sieg und die Macht im Kampf von Tage zu Tage,
Jene, die Göttertitanen, und wir, die Erzeugten des Kronos.
Ihr denn — große Gewalt und unnahbar mächtige Hände
Zeigt dem Titanengeschlecht im Kampfe der traurigen Feldschlacht, 650
Alle gedenk an die trauliche Freundschaft, — was ihr erfahren,
Bis ihr allein durch unseren Rath aus schmerzlicher Fessel
Wieder zum Lichte gekehrt vom finsteren Reiche des Todes!"
    Rief es und ihm entgegnete gleich der unsträfliche Kottos:

V. 632. Othrys, Gebirge in der thessalischen Landschaft Phthiotis.
V. 646. gar lange, nach V. 636 zehn Jahre.

„Thor, nichts Neues verkündest du uns; wir wissen es Alle   655
Selbst, welch' sinniges Herz und welchen Verstand du besitzest,
Wie du der Hort der Unsterblichen warst vor gräßlichem Fluche.
Ja einst wieder zurück, aus bitteren Banden gerettet
Nur durch deinen Verstand, vom finsteren Reiche des Todes
Kehreten wir, Fürst, Sprosse des Kronos, über Erwartung.   660
Drum auch jetzt mit entschlossenem Sinn und verständigem Rathe
Wollen wir eure Gewalt denn schirmen in schrecklicher Feldschlacht,
Streitend mit den Titanen in mächtigem Kampf der Entscheidung!"

Sprach's; da lobeten diesen die Götter, die Geber des Guten,
Als sie die Worte gehört; nach dem Kampf jetzt sehnte das Herz sich 665
Feuriger, als jemals; da erhoben sie gräßliches Kämpfen
Alle, die Frauen sowohl, als Männer, an selbigem Tage,
Jene, die Göttertitanen und alle von Kronos Erzeugten,
Und die Zeus aus dem Dunkel der Erde zum Lichte geführet,
Schreckliche und kraftvolle, von übergewaltiger Stärke.   670
Hundert Arme zugleich entstreckten sich ihren Schultern,
Allen zumal; auch waren der Köpfe bei Jeglichem fünfzig
Ueber der Schulter gewachsen am kräftig gedrungenen Leibe.
Diese nun stellten sich hin zum traurigen Kampf den Titanen,
Haltend zackiges Felsengestein in gedrungenen Händen.   675
Drüben — da stärkte die Reihn gleich also die Schaar der Titanen
Muthig; es zeigten der Arme zugleich und der Kräfte Bewirkung
Beide; da brüllete schrecklich umher der unendliche Pontos,
Lautauf dröhnte die Erd' und seufzte das Himmelsgewölbe,
Schaurig bewegt; es erbebten von unten die Höh'n des Olympos 680
Durch der Unsterblichen Wucht; bald reichte die schwere Erschütt'rung
Selbst in des Tartaros Nacht, und das hohe Gestampfe der Füße
Und das Getös' des unsäglichen Lärms und der kräftigen Würfe.
Also wider einander entsandten sie Seufzergeschosse.
Auch so die Stimme von Beiden erhob sich zum sternigen Himmel 685
Lauten Geschrei's; die stießen zusammen mit mächtigem Kampfruf.
Nicht mehr hemmete Zeus jetzt seinen gewaltigen Muth; ihm
Füllte das Herz sich schnelle mit Wuth an; alle Gewalt jetzt
Ließ er heraus und schritt von dem Himmel und von dem Olympos
Nieder mit unaufhörlichem Blitzstrahl; feurige Strahlen,   690

Schlag auf Schlag, jetzt flogen mit Glanz und Donnergebrülle
Aus der gewaltigen Hand und wälzten die heilige Glut her,
Zahllos; rings — da erdröhnte die Nahrungsspenderin Erde
Mitten im Brand; laut kracht' in der Glut die unendliche Waldung.
Rings auch kochte der Boden, sowie des Okeanos Fluthen   695
Sammt dem unwirthlichen Meer; es umgab jetzt glühender Dampfhauch
Alle Titanen der Erde; die schreckliche Flamme gelangte
Bis zu der göttlichen Luft; der Gewaltigen Auge sogar ward
Blind vom funkelnden Glanze des himmelentsendeten Blitzes.
Furchtbar füllte die Hitze das Chaos, und mit dem Auge   700
Konnte man glauben zu seh'n, mit dem Ohre den Schall zu vernehmen,
Grade, wie wenn sich die Erd' und das Himmelsgewölbe von oben
Nahte; das wäre der lauteste Lärm, der je sich erhoben;
Würde sie niedergeworfen, das andere stürzte darüber.
Also tönte der Lärm, da die Götter zum Kampfe sich nahten.   705
Winde erhoben dazu Staubwolken und Sturm im Gewirbel,
Donner und feurige Glut und hochaufflodernden Blitzstrahl,
Pfeile des mächtigen Zeus, und trugen Geschrei und Gelärme
Her in die Mitte der beiden; unnahbares Tosen erhob sich
Von dem entsetzlichen Zwist; hell glänzte die Stärke der Thaten, 710
Bis sich neigte der Kampf; doch hielten sie fest an einander
Vorher noch, und kämpfeten hart in kräftiger Feldschlacht.
Jene in vorderer Reihe erweckten das hitzige Kämpfen —
Kottos, Briaros und Gyes, unersättlich im Kriege,
Welche dreihundert Felsen von ihren gedrungenen Händen   715
Sendeten, Stück um Stück, und beschatteten alle Titanen
Mit dem Geschoß und unter die weithingebreitete Erde
Sandten sie diese hinab und banden sie schmerzlich in Fesseln,
Als sie gesiegt mit den Armen, so trotzig die Feinde gewesen,
Soweit unter die Erd', als über der Erde der Himmel;   720
Denn gleichweit von der Erd' ist's auch zu des Tartaros Dunkel.
Denn neun Tag' und Nächte bedürft' ein eherner Ambos,
Um von dem Himmel herunter am zehnten zur Erde zu kommen;
Auch neun Tag' und Nächte bedürft' ein eherner Ambos,

V 722. Ambos. Hier bildlich für einen sehr harten Meteorstein.

Bis er herab von der Erd' am zehnten im Tartaros ankommt. 725
Ringsum zieht sich um diesen ein eherner Zaun; es umgibt ihn
Dreifach gelagert die Nacht an dem Eingang; aber darüber
Sprossen die Wurzeln der Erd' und der öd' unwirthlichen Meerfluth.
Allda sind die Titanen, die göttlichen, unter dem finstern
Dunkel versteckt nach Zeus' Rathschlüssen, des Wolkenversammlers, 730
Tief im modrigen Raum, am Rand der unendlichen Erde.
Keiner vermag zu entrinnen; Poseidon setzte die eh'rnen
Pforten daran; auch zieht sich herum das Gemäuer im Kreise.
Gyes sowohl, als Kottos und Briaros, stolzen Gemüthes,
Wohnen daselbst, Zeus' treuliche Wächter, des Aegisträgers. 735
Dort sind finsterer Erde, sowie des Tartarosdunkels
Und unwirthlichen Meers und sternebesäeten Himmels,
Sämmtlicher Ding' Urquelle der Reihe nach, sämmtlicher Ende,
Widerlich, modrig; es grauet davor auch selber den Göttern, —
Mächtiger Schlund, so daß in völlig beendetem Jahre 740
Keiner den Boden erreichte, sobald er die Pforten hineinkam,
Sondern nach hüben und drüben entführete Sturm um Sturm ihn,
[Schrecklicher; denn entsetzlich sogar für unsterbliche Götter
Ist dieß Wunder; der finsteren Nacht schreckvolle Behausung
Stehet daselbst, ringsum vom schwarzen Gewölke verdecket.] 745
    Vorne daran trägt Japetos' Sohn den unendlichen Himmel,
Stehend; er trägt mit dem Haupt und den nimmer ermüdenden
                           Händen,
Ohne Bewegung, wo auch Nacht und Tag sich einander
Nahen zum Wechselgespräche, hinübertretend die große

V. 726—819 ist ein Abschnitt, der sich nicht in seiner reinen Gestalt erhalten
hat. L. Dindorf glaubt darin sogar acht verschiedene Gedichte zu erkennen.
   V. 732. Poseidon, weil dieser seine eigene Wohnung am nächsten hat; übrigens war er z. B. auch der Erbauer der Mauern von Troja.
   V. 738. Urquelle, d. h. der unterste Grund. Uebrigens zerfällt der Tartaros
gleichsam in verschiedene Stockwerke. Zuunterst sind die Titanen eingeschlossen, jedoch
nicht alle, sondern nur die bedeutendsten, z. B. Kronos, Rhea, Japetos x. Etwas
weiter oben sind die Wohnsitze des Atlas, der Nacht, des Hellos, welche (V. 750)
über die große „Schwelle von Erz" in die Menschenwelt eintreten können. Noch weiter
oben befindet sich die Wohnung des Pluto und der Proserpina (V. 767).

Schwelle von Erz; da steiget die Eine hinunter, der Andre   750
Wallet heraus; niemals umschließet sie beide die Wohnung
Innen; o nein, stets ist nur das Eine vom Hause gegangen.
Wandelnd über die Erde; das Andere, welches daheim bleibt,
Wartet die Stunde des Weges sich ab, bis daß sie gekommen;
Strahlendes Licht bringt jener den sterblichen Erdebewohnern,   755
Diese den Schlaf in den Händen, den leiblichen Bruder des Todes,
Sie, die verderbliche Nacht, in Nebelgewölke verhüllet.
    Dort auch haben die Kinder der finsteren Nacht die Behausung,
Schlaf und Tod, entsetzliche Götter! Und nimmer und nimmer
Schauet die leuchtende Sonne sie an mit den feurigen Strahlen, 760
Wann sie den Himmel besteigt, noch wann sie vom Himmel herabsteigt.
Einer davon durchwallt ganz ruhig die Erd' und den breiten
Rücken des Meeresgewässers: er ist ganz freundlich den Menschen,
Während des Anderen Seele von Erz, und von Eisen das Herz ist,
Mitleidlos in der Brust; fest hält er, sobald er gefaßt hat,   765
Jeglichen Menschen; er ist selbst Feind den unsterblichen Göttern.
    Dort steht vornen das hallende Haus für den Gott in dem Abgrund,
Für den gewaltigen Hades sowohl, als die schreckliche Göttin
Persephoneia; ein gräßlicher Hund ist Wächter am Eingang
Mitleidlos, voll tückischer List; den, welcher hineingeht,   770
Wedelt er an mit dem Schweife zugleich und regt die Ohren;
Aber hinausgehn darf dann Niemand wieder; er lauert
Auf und frißt dann, wen er ertappt, der wieder hinauswill
[Dort von des Hades Palast und der schrecklichen Persephoneia.]
    Dort auch wohnet, verhaßt den Unsterblichen allen, die Göttin 775
Styx, die Entsetzliche, — sie des Okeanos älteste Tochter,
Welcher im Kreise sich dreht; fern wohnt sie den Göttern in hohem
Hause, mit mächtigen Felsen gedeckt; und überall ringsum
Ragt es auf silberne Säulen gestützt zu der Höhe des Himmels.
Selten nur gehet die Iris, des Thaumas Kind, die behende,   780
Kunde zu bringen, dahin auf unendlichem Rücken des Meeres,
Wenn sich ein Streit und Zank bei den ewigen Göttern erhoben,

---

V. 771. Die Ohren; im Texte heißt es: „beide Ohren", was einen einzigen
Kopf voraussetzt, wogegen Kerberus nach V. 312 fünfzig Köpfe hat.

Hesiod.   3

Oder wenn Einer gelogen, der wohnet im Haus des Olympos.
Zeus dann sendet die Iris, zum heiligen Schwure der Götter
Fern in goldenem Krug das berüchtigte Wasser zu holen, — 785
Kalt, wie's triefet herab vom mühsam ersteiglichen, hohen
Fels, dann unter der weithinreichenden Erde so mächtig
Aus dem geheiligten Strom durch dunkele Nächte dahinfließt,
Als des Okeanos Arm; ihr wurde beschieden ein Zehntheil.
Denn um die Erd' und den weit hinreichenden Rücken des Meeres 790
Fallen die neune geschlängelt in silbernem Wirbel zur Salzfluth,
Während der eine dem Fels entspringt, zum Verderben der Götter.
Gießt nun Einer zur Erde davon bei fälschlichem Eidschwur
Von den Unsterblichen, die des Olymps Schneekuppe bewohnen:
Lieget er athemlos, bis völlig vorüber ein Jahr ist; 795
Niemals darf er sich nah'n der Ambrosia oder des Nektars
Nahrung, sondern er lieget, der Stimme beraubt und des Odems,
Auf dem gebreiteten Lager, umhüllt von kläglicher Schlafsucht.
Ist nun das Leiden zu Ende nach langgedehntem Jahrslauf,
Dann folgt Eins um's Andre von allzeit härterer Trübsal. 800
Ja, neun Jahre verbleibt er getrennt von den ewigen Göttern;
Niemals darf er zum Rath, noch Schmaus sich den Andern gesellen
Neun vollständige Jahr'; im zehnten gesellt er sich wieder
Zu der Unsterblichen Schaar, die das Haus des Olympos bewohnen.
Also haben zum Schwure die Götter der Styx unvergänglich 805
Uralt Wasser gesetzt, das kluftige Felsen hindurchfließt.

V. 785. Berüchtigte, nicht im schlimmen Sinne, sondern s. v. a. vielge-
nannte, von den Dichtern häufig besungene.

V. 789. Zehntheil, d. h. es sind zehn Quellen, von denen der Okeanos neun
in sich aufnimmt; die zehnte fließt ganz besonders, und dieß ist die Styx.

V. 793. Gießt nun Einer zur Erde davon Daß auch die Götter hier
eine Libation (Trankopfer) darbringen, ist nicht auffallend; sie wollen zum voraus bei
dem Eide dadurch andeuten, daß ihr Gemüth so rein von Lüge und Schuld sei, als
das aufgegossene Wasser.

V. 799. langgedehntem Jahrslauf. Es ist hier nicht ein gewöhnliches
Jahr von zwölf Monaten gemeint, sondern das auch in Böotien wohlbekannte „große
Jahr" von 8 gewöhnlichen Jahren, das in Griechenland eine bedeutende Rolle spielte.
Folglich würde die Strafe 72 gewöhnliche Jahre hindurch dauern.

[Dort ist der finsteren Erd' und des nebligen Tartarusabgrunds
Und unwirthlichen Meers und sternebesäeten Himmels,
Sämmtlicher Dinge Beginn und Ende vereint bei einander,
Widrig, von Moder bedeckt; hier grauet es selber den Göttern! 810
Dort ist die marmorne Pforte zugleich und die eherne Schwelle,
Unerschütterlich fest, mit gebreiteten Wurzeln gefüget,
Selbstentsproßt; und vorne, getrennt von den sämmtlichen Göttern,
Haust der Titanen Geschlecht, jenseits vom finsteren Chaos.
Doch des gewaltigen Donnerers Zeus gar treffliche Helfer 815
Haben daselbst an Okeanos' Abgrund ihre Behausung,
Kottos und Gyes zugleich; den gewaltigen Briaros aber
Machte zum Eidam dort sich der brausende Ländererschütt'rer,
Der ihm Kymopoleia, die Tochter, zur Ehe dahingab.]

Aber sobald Zeus hatte vom Himmel verjagt die Titanen, 820
Zeugte die riesige Gäa den jüngsten der Söhne, Typhoeus,
Wohl in des Tartaros Lieb' und durch Aphrodite, die goldne.
Hände besitzt er, welche mit Kraft ausführen die Arbeit;
Nimmer ermüdet der Fuß des gewaltigen Gottes; die Schulter
Trug ihm hundert Köpfe der Schlange, des gräßlichen Drachen, 825
Leckend mit düsteren Zungen umher; aus jeglichem Auge
Blitzt' an den göttlichen Köpfen ein Glutstrahl unter den Brauen;
[Warf er die Blicke, so brannte die Glut aus jeglichem Haupte.]
Stimmen sodann auch waren in jeglichem schrecklichen Haupte,
Mancherlei Ton ausstoßend, unsäglichen; jetzo ertönt' es, 830
Daß es die Götter verstanden; ein anderes Mal dann wieder

V. 820—880 ist wieder ein kosmogonischer Abschnitt, der jedenfalls nicht an diese
Stelle gehört, sondern etwa hinter den Abschnitt V. 116—452.

V. 821. Typhoeus bezeichnet das unterirdische Feuer und die daher rührenden
Erderschütterungen. Es folgt jetzt eine der großartigsten Stellen Hesiods. — die Schilderung einer Eruption des Aetna, der unserem Dichter nicht unbekannt war.

V. 831. Daß es die Götter verstanden. Anspielung auf die besondere
Göttersprache, deren auch Homer in mehreren Stellen deutlich Erwähnung thut. Diese
„Göttersprache" ist wahrscheinlich eben die alte pelasgische Sprache, besonders in ihrer
Anwendung auf religiöse Gegenstände.

War es die Stimme des Stiers, der trotzig in gräßlicher Wuth brüllt,
Wieder ein anderes Mal die des furchtlos muthigen Löwen,
Wieder ein anderes Mal glich's Hunden, — ein Wunder zu hören! —
Wieder ein anderes Mal pfiff's laut, daß rings das Gebirg hallt'! 835
Und bald wäre 'was Arges gescheh'n an selbigem Tage
Und er wäre der Sterblichen Herr und der Ew'gen geworden,
Wenn's nicht sicher gewahrte der Vater der Menschen und Götter.
Doch der donnerte hart und furchtbar; schrecklich erdröhnte
Rings im Kreise die Erd' und das Himmelsgewölbe darüber,   840
Meer und Okeanos' Fluth und der Abgrund unter der Erde.
Unter den göttlichen Füßen erbebte der große Olympos,
Als sich der König erhob; auch seufzete unten die Erde.
Hitze von beiden erfüllte den veilchenfarbigen Pontos
Hier von dem Donner und Blitz, und dort von der Flamme des Un-
thiers,   845
Vom glutwirbelnden Wind und leuchtenden Strahle des Blitzes.
Allwärts siedet der Boden der Erd' und Himmel und Meerfluth,
Und am Gestade — da wüthet es rings, an den mächtigen Wogen
Von der unsterblichen Wucht; es erhob sich unendliche Schwankung;
Hades erbebte, der Fürst im Reich der verlorenen Todten,   850
Und die Titanen im Tartarosabgrund, drunten um Kronos,
Vom unermeßlichen Lärm und dem schrecklichen Kampfe der Gegner.
Zeus, nachdem er gesammelt die Kraft und die Waffen ergriffen,
Donnergebrüll und Blitz und lodernde Flamme des Wetters,
Schlug vom Olympos herunter im Ansprung; sämmtliche rings-
um —   855
Göttliche Köpfe versengte der Gott dem gräßlichen Unhold;
Aber sobald er diesen gezähmt mit geißelnden Schlägen,
Sank er dahin, ganz lahm; laut seufzte die mächtige Erde.
Flammen entstürzten dem Herrscher, vom feurigen Blitze getroffen,
In des Gebirgs Waldthalen, den dunkelen, felsenumragten,   860
Wie er den Schlägen erlag; weit brannte die mächtige Erde
Von dem unendlichen Dampf und schmolz, wie glänzendes Zinn schmilzt,
Das von der Jünglinge Kunst und weitaufklaffendem Tiegel
Heiß ward, oder wie Eisen, das härteste aller Metalle,
In des Gebirgs Waldthal vom schimmernden Feuer gebändigt 865

Schmilzet in göttlicher Erde von kräftiger Hand des Hephästos.
So schmolz jetzo die Erde vom Glanze der leuchtenden Flamme;
Und Zeus warf ihn grimmig hinab in des Tartaros Weiten.
Von dem Typhoeus stammt die Gewalt feuchtwehender Winde,
Außer dem Süd und Nord und Zephyros und dem Argestes; 870
Diese entstammen den Göttern, zum herrlichen Nutzen der Menschen;
Nutzlos wehen die Lüfte, die anderen, über das Meer hin.
Diese — sie fallen herein auf den nebelgestaltigen Pontos
Schwer zu der Menschen Verderben, und wüthen in gräßlichem Sturme;
Dahin und dorthin brausen sie laut; sie zerstreuen die Schiffe 875
Und sie vernichten die Schiffer; da gibt's nicht Hilfe vom Unheil
Sterblichen, welche mit ihnen zusammengetroffen im Meere;
Auch auf der Erde zumal, der unendlichen, blüthebedeckten,
Machen sie liebliche Fluren der irdischen Menschen zunichte,
Die sie erfüllen mit Staub und furchtbar schwerem Getümmel. 880

Aber sobald nun hatten die seligen Götter die Arbeit
Fertig und mit den Titanen entschieden den Kampf um die Würden,
Jetzo erwähleten sie zum Könige und zum Beherrscher
Gäa's Rathe zufolge den Zeus, den olympischen Donn'rer,
Ueber der Seligen Schaar; und weise vertheilt' er die Ehren. 885
Zeus, der Unsterblichen König, erwählte zur ersten Gemahlin
Metis, die weiseste unter den Göttern und sterblichen Menschen;
Aber sobald sie darauf die blauäugige Göttin Athene
Sollte gebären, so täuschte den Geist Zeus jener mit Listen,
Legte mit schmeichelndem Wort sie nieder im eigenen Leibe 890
Gäa's Rathe gemäß und des sternebesäeten Himmels.

V. 887. Metis, der Verstand, die „Weisheit". Diese erste Geliebte des Zeus
hatte, nach der Sage, die Gabe, sich verwandeln zu können. Da sie nun zuerst ein
Mädchen und dann einen Knaben gebären sollte, welcher einst die Herrschaft bekommen
würde, so bewog sie Zeus, als sie mit Pallas Athene schwanger war, durch listige
Ueberredung, sich recht klein zu machen, und verschluckte sie sodann (nach Einigen: in
der Gestalt einer Mücke), um seinem künftigen Sturze vorzubeugen. Sinn: „die
Weisheit ist nun in das Innere des Zeus aufgenommen; er hat daher für seine Herrschaft nichts mehr zu befürchten."

Denn so riethen sie ihm, daß nimmer die Würde des Herrschers
Trüg' an der Stelle des Zeus von den ewigen Göttern ein Andrer;
Denn ihr war's ja beschieden, verständige Kinder zu zeugen,
Tritogeneia vor allen, die klarblauäugige Jungfrau,   895
Welche dem Vater an Muth und sinnig verständigem Rath glich;
Und dann sollte den Sohn sie, den König der Götter und Menschen,
Fürder gebären, den Sprossen von übergewaltigem Herzen:
Aber zuvor barg Zeus sie bereits in dem eigenen Leibe,
Daß ihm sagte die Göttin, was heilsam wäre, was Unheil.   900
Zweites Gemahl drauf wurde die herrliche Themis, der Horen
Mutter, Eunomia, Dike und blühender Tochter Irene,
Welche die Fluren bewachen dem sterblichen Menschengeschlechte;
Jene gebar auch die Moiren, die Zeus, der Berather, am höchsten
Ehrete, — Klotho, Lachesis dann und Atropos, welche   905
Sterblichen Menschen verleihen das Gute sowohl, wie das Böse.
Aber Okeanos' Tochter, Eurynome, lieblichen Aussehn's,
Zeugte der Chariten drei alsdann, schönwangige Jungfraun,
Erst Aglaja, Euphrosyne drauf und die Anmuth Thalia's,
Denen herab von den Brauen die gliederlösende Liebe   910
Trof beim Blicke; sie schauten so huldvoll unter den Wimpern.
Aber er kam zu dem Lager der nahrungsreichen Demeter,
Welche Persephone's Mutter sodann ward, die Aïdoneus
Raubte von ihr, als ihm der berathende Zeus sie bewilligt.
Wieder gewann Zeus lieb Mnemosyne, prächtigen Haares,   915
Die neun Musen gebar, gar lieblich im goldenen Hauptschmuck,
Welchen das festliche Mahl und fröhliche Lieder gefielen.
Leto gebar den Apoll und Artemis, fröhlich am Pfeilschuß,
Beide von lieblichster Art vor sämmtlichen Himmelsbewohnern,
Als sie dem ägistragenden Zeus sich in Liebe vereinte.   920

V. 900. Sinn; „damit er (Zeus) allein weise wäre."

V. 901. Themis. Die göttliche „Gerechtigkeit" und Ordnung gebiert die Horen (Jahreszeiten), welche auffallenderweise die Namen Eunomia, Dike, Irene, d. h. Gesetz, Recht und Friede, führen. Hier ist zu erwägen, daß die Einrichtungen der alten Staaten ungemein viele Beziehungen auf die Jahreszeiten hatten.

V. 910. gliederlösend, s. v. a. erschlaffend.

Aber zuletzt erst macht' er die blühende Hera zur Gattin;
Diese gebar ihm Hebe und Ares und Eileithyia,
Innig in Liebe vereint mit dem König der Götter und Menschen.
Aber er selbst aus dem Haupte gebar die blauäugige Pallas,
Schrecklich erregend den Kampf, Heerführerin, nimmer besiegbar,   925
Herrliche, welcher der Lärm und die Schlacht und Kämpfe gefielen.
Hera gebar den Hephäst dann ohne der Liebe Gemeinschaft,
Weil sie in Eifersucht glühte und grollete ihrem Gemahle, —
Ihn, den erhabenen Künstler vor sämmtlichen Himmelsbewohnern.
Amphitrite sodann und der brausende Ländererschütt'rer   930
Zeugten Triton, den großen, gewaltigen, welcher des Meeres
Gründe beherrscht und auch bei der Mutter, dem fürstlichen Vater
Goldene Häuser bewohnt, — ein schrecklicher Gott; doch dem Ares,
Welcher die Schilde zerbricht, gab Schrecken und Furcht Kythereia,
Gräßliche Kinder; sie jagen der Männer gedichtete Reihen   935
In dem entsetzlichen Kampf mit dem städteverheerenden Ares;
Auch Harmonia, welche der muthige Kadmos geehlicht.
Maja, des Atlas Tochter, bestieg Zeus' heiliges Lager,
Und sie gebar den gepriesenen Hermes, Boten der Götter.
Semele, Tochter des Kadmos, gebar Zeus einen berühmten   940
Sprossen, den fröhlichen Gott Dionysos, aus seiner Umarmung,
Sterblich sie den Unsterblichen; jetzt sind Götter die beiden.
Auch Alkmene gebar den gewaltigen Helden Herakles,
Zeus, dem Erreger der Wolken, in inniger Liebe gesellet.
Aber Hephästos, der hohe, der hinkende, wählte Aglaja,   945
Welche die jüngste der Chariten war, zur blühenden Gattin.
Und Dionysos im goldenen Haar Ariadne, die blonde,
Minos' Kind, — die wählet' er sich zur blühenden Gattin,
Und Zeus machte sie ihm unsterblich in ewiger Jugend.
Hebe wählte der schönen Alkmene kräftiger Sprößling,   950
Als er die mühlichen Kämpfe beendet, der Streiter Herakles, —
Sie, des erhabenen Zeus und der goldsandaligen Hera
Tochter, zum züchtigen Weib auf schneeigen Höh'n des Olympos.

V. 933. Goldene Häuser, in Aegä, einer Klippeninsel.
V. 937. Harmonia, eine ganz böotische Gottheit.

Glücklicher, der so Gewaltiges that und jetzt bei den Göttern
Wohnet, vom Leibe befreit, nie alternd, ewige Zeiten!   955
  Dem unermüdlichen Helios gab des Okeanos edle
Tochter, Perseis, die Kirke, sowie Aietes, den König.
Aber Aietes, der Sprosse des leuchtenden Sonnengottes,
Freite Okeanos' Tochter, der ewiglich strömet im Kreislauf,
Nach der Unsterblichen Rath, Idyia mit lieblichen Wangen.   960
Diese gebar ihm jetzo die rüst'ge Medea, in Liebe
Untergebeuget dem Gatten von goldener Aphrodite.
  Lebt nun wohl, ihr ew'gen Bewohner olympischer Häuser,
[Inseln zumal und Land und salzige Meere dazwischen.]
Singt mir jetzo der Göttinnen Stamm, süßtönende Musen   965
Auf dem Olymp, ihr Töchter des ägistragenden Gottes, —
Singet die Göttinnen, welche, zu sterblichen Menschen gelagert,
Selbst Unsterbliche, zeugten den Göttern ähnliche Kinder.
  Plutos gebar da vor allen die herrliche Göttin Demeter,
Jasios innig verbunden in freundlicher Liebe, dem Helden,   970
Auf vieltragender Flur in Kreta's fettem Gefilde, —
Plutos, den herrlichen, der durch Land und unendliche Meere
Zieht; wer ihm da begegnet, in wessen Hand er gelanget,
Diesen erhebt er zum Glück und schenkt ihm reichliche Güter.
  Aber dem Kadmos gebar Harmonia, die Tochter der Kypris,   975
Ino, Semele dann, und Agaue mit lieblichen Wangen,
Auch Autonoe, welche der lockige Held Aristäos
Freite, sowie Polydoros im mauerumkränzeten Thebä.
[Aber Okeanos' Tochter, dem kraftvoll muth'gen Chrysaor
Freundlich gesellet in Liebe der goldenen Aphrodite, —   980
Sie, Kallirrhoe, zeugte den kräftigsten sämmtlicher Menschen,
Welcher Geryones hieß; ihn fällte der Arm des Herakles
Um schwerwandelnde Stier' im Inselland Erythela.]
  Eos gebar dem Tithonos den ehernbepanzerten Memnon,
König der Aethioper, — Emathion auch, den Gebieter.   985
Aber dem Kephalos gab sie darauf als glänzenden Sprossen

Demeter gebiert Plutos, d. h. vom Ackerbau kommt Wohlstand.

Phaëton, tüchtiger Art, den Unsterblichen selber vergleichbar.
Dieser besaß noch die zarteste Blüthe von herrlicher Jugend,
War noch ein Knabe mit kindischem Sinn, da die lächelnde Kypris
Ihn entraffte dahin und dann in den heiligen Tempeln   990
Machte zum nächtlichen Hüter des Orts, als göttlichen Schutzgeist.

Aber Aeetes' Tochter, des göttlich geborenen Herrschers,
Führte des Aeson Sohn nach dem Rathe der ewigen Götter
Fort von Aeetes, nachdem er mühsame Kämpfe beendigt,
Deren so viele der große, der trotzige Fürst ihm auftrug,   995
Pelias, frechen Gemüths, gottlos, ein Thäter des Argen.
Als er in vielem Bemühn sie beendiget, kam er nach Jolkos,
Führt' auf hurtigem Schiffe die Jungfrau rollenden Auges,
Aesons Sohn, und machte sie dann zur blühenden Gattin,
Daß sie, besiegt in Liebe vom Hirten der Völker Jason,   1000
Ihm den Medeios gebar, den Chetron erzog im Gebirge,
Philyros' Sohn; da ging Zeus' göttlicher Rath in Erfüllung.

Aber des Nereus Töchter, des herrschenden Greisen im Meere, —
Psamathe erstlich gebar, die erhabene Göttin, den Phokus
Wohl in des Aeakos Liebe von goldener Aphrodite;   1005
Aber von Peleus gezwungen die silberfüßige Thetis
Ward des Achilleus Mutter, des löwenmuthigen Siegers.

Doch den Aeneias gebar die bekränzete Göttin Kytheres,
Als sie dem Helden Anchises in inniger Liebe sich hingab
Dort auf der Ida Höhen, der schluchtigen, waldumkränzten.   1010
Kirke aber, des Helios Kind, der Hyperions Sohn war, —
Diese gebar in der Liebe des leidenvollen Odysseus
Agrios und den Latinos, den tadellosen, gewalt'gen,
Und den Telegonos auch durch goldene Aphrodite.

V. 987. **Phaëthon**, der „Leuchtende", soll nach Einigen der Hesperus sein.

V. 1001. **Medeios**, genannt nach der Mutter Medea. Manche bringen den Volksnamen der Meder in Verbindung damit.

V. 1013. **Agrios.** Wenn diese Lesart richtig ist, so hat man unter Agrios den in Arkadien Agreus genannten „Ackergott" zu verstehen; dieß ist Pan, Faunus, der in Latium zum Evander wurde. Doch steht vielleicht richtiger: „Gräos", von dessen Namen das Wort „Griechen" stammt.

Diese darauf gar fern im Schooße der heiligen Inseln   1015
Wurden dem sämmtlichen Volke der edlen Tyrrhener zu Herrschern.
Doch den Nausithoos gab dem Odyß die erhabne Kalypso
Und den Nausinoos, ihm in freundlicher Liebe gesellet.
  Dieß nun waren die göttlichen Fraun, die sterblichen Männern
Wohneten bei und dann gottähnliche Kinder gebaren.   1020
Jetzo besingt mir die sterblichen Fraun, süßklingende Musen
'Auf dem Olymp, ihr Töchter des ägistragenden Herrschers!

V. 1015. Heilige Inseln. Hesiod denkt an Sicilien, die äolischen Inseln
und Italien selbst.

Der Schild des Herakles.

Oder wie einst, da sie schied von dem Haus und der Erbe der
        Heimath
Und nach Thebä sodann zu dem Helden Amphitryon hinkam,
Sie, des Elektryo Kind, Alkmene, des Feindezerstreuers.
Diese — wie ragte sie weit in der blühenden Frauen Geschlechte
Vor an Gestalt und Größ'; auch glich ihr Keine am Geiste,   5
Die als sterbliche Frau von Sterblichen Kinder geboren.
Auch von dem Haupte zumal und der dunkeln Wimper herunter
Wehte ein Hauch, gleichwie bei der goldenen Aphrodite;
Aber sie ehrte dennoch so hoch in dem Herzen den Gatten,
Wie ihn wohl noch keine geehrt von den blühenden Frauen.   10

B. 1—56 ist aus dem „Verzeichniß der Frauen", mit dessen Fragmente die Theogonie abschließt, entnommen und als Vorwort äußerlich dem Werke eines Dichters
angefügt, der den Kampf des Herkules mit Kyknos verherrlichen wollte.

B. 1. Oder wie einst. Dieß setzt andere ähnliche Stücke voraus. Das erste
besungene Weib war Niobe. Die Form des Anfangs ist ungefähr so zu denken: „Musen, besingt jetzt die göttlichen Frauen, — wie einst Niobe war, — oder wie c. —
oder wie c. c. Daher denn diese Abschnitte auch die „großen Eöen", d. h. „Oder =
wie = Gedichte" genannt wurden.

schied. Ihr Bräutigam Amphitryo war von Sthenelos in die Verbannung
getrieben worden, weil er den König von Mykene, Elektryo, getödtet hatte. In dieses
Exil begleitete ihn Alkmene.

B. 9. dennoch, trotzdem, daß er ihren Vater getödtet hatte und ein Ver-
bannter war.

Freilich den wackeren Vater erschlug er in mächtiger Kraft ihr,
Schwer um die Rinder erzürnt; dann ließ er die Erde der Heimath,
Kam nach Theben und flehte Kadmeas beschildete Männer.
Dort nun wohnt' er im Haus mit der züchtigen Ehegemahlin,
Aber getrennt und ohne die Freuden der Liebe; zuvor nicht   15
Durst' er das Lager besteigen der flücht'gen Elektryonide,
Eh' er gerächet den Mord der erhaben gesinneten Brüder
Seiner Gemahlin und niedergebrannt mit verzehrendem Feuer
Sämmtliche Flecken der Männer von Taphos und von Teleboia;
Denn so ward es bedingt; die Unsterblichen waren die Zeugen.   20
Darum scheut' er von ihnen den Groll und eilete möglichst
Bald zu vollenden das große Geschäft, wie's heilige Pflicht war.
Ihm nun folgte, des Kampfs und wackeren Streites begehrend,
Reis'ges böotisches Volk, das über dem Schild Muth schnaubte,
Nahankämpfende Lokrer und muthiggesinnte Phokäer;   25
Und sie führte zumal der gewaltige Sohn des Alkäos,
Prahlend über sein Volk; doch der Vater der Menschen und Götter
Spann in dem Geist ganz anderen Rath, auf daß er den Göttern
Und den erfindsamen Menschen den Wehrer des Fluches erzeuge.
Und er erhob sich vom hohen Olymp, List brütend im Herzen,   30
Sehnsuchtsvoll nach der Liebe des schönumgürteten Weibes,
Nachts; da erreicht er geschwind Typhaonion; aber von dort aus
Schritt er zur Spitze von Phikion hin, der berathende Gott Zeus.
Allda setzt' er sich hin und bedachte die göttlichen Werke;

V. 12. **Auf die Rinder erzürnt** (nach Göttling); indem er nun diese durch
Schlagen, oder Werfen wieder in die Ordnung zu bringen suchte, traf er unvorsichtigerweise den Elektryo. Richtiger: „um die Rinder erzürnt", was einen Streit mit
Elektryo voraussetzt, der allerdings erwähnt ist V. 82.

V. 13. **Kadmäa**, s. v. a. Thebä, weil es von Kadmos erbaut war.

V. 19. **Taphos**, eine der echinadischen Inseln, gegenüber von Akarnanien,
wohin ein Urenkel des Perseus, Taphios, eine Kolonie von Mykenä geführt hatte;
heutzutage Cephallenia.
Teleboia, Landschaft an der Küste von Akarnanien.

V. 29. **erfindsamen**. Das griechische Wort kann auch heißen: „brodessenden",
im Gegensatz gegen die „rohes Fleisch essenden" Thiere. Sehr häufige Bezeichnung der
Menschen auch bei Homer.

V. 32. **Typhaonion**, in Böotien, nach Andern am Parnaß; der Phikische
Berg in der Nähe von Theben.

Denn noch selbige Nacht bei der schlanken Elektryonide   35
Freuet' er sich an der Liebe Genuß und stillte die Sehnsucht.
Aber der Schaarenzerstreuer Amphitryon auch, der gewalt'ge,
Nach dem beendeten herrlichen Werk kam jetzo nach Hause.
Doch zu den Dienern nicht, und nicht zu den Hirten im Hause
Ging er zuerst und eh' er das Lager der Gattin bestiegen;   40
Solch' ein Seelenverlangen erfaßte den Hirten der Völker.
So, wie ein Mann voll wonniger Lust entfliehet dem Unheil,
Sei's von der Krankheit Schmerz, sei's auch von gewaltiger Fessel:
Also Amphitryon auch nach beendeter mißlicher Arbeit
War er mit Wonn' und Freude zum eigenen Hause gelanget.   45
Und nun ruht' er die völlige Nacht bei dem züchtigen Weibe,
Freuete sich an den Gaben der goldenen Aphrodite.
Und von dem Gotte bezwungen und auch von dem Besten der Menschen
Schenkte sie Zwilling' ihm in der siebenthorigen Thebá,
Ungleich weit am Geiste, wiewohl sie ja Brüder gewesen,   50
Einer geringer, der Andere weit, weit trefflicher; dieser
War entsetzlich, an Kräften gewaltig, der starke Herakles;
Dieser geboren vom Stamme des dunkelwolk'gen Kronion,
Aber Iphikles nur von des kühnen Amphitryo Stamme, —
Völlig verschiedene Kinder, das eine vom sterblichen Manne,   55
Eines von Zeus, dem Kroniden, der sämmtlichen Götter Gebieter.

Dieser erschlug auch Kyknos, den tapferen Sprossen des Ares,
Den er im Haine gefunden des Fernhintreffers Apollo,
Ihn und seinen Erzeuger, den kampfunersättlichen Ares,
Leuchtend im Waffengeschmeide, wie Glanz hellbrennenden Feuers,   60
Stehend im Wagen; die Erde — sie scholl von der flüchtigen Rosse
Hufschlag laut; Staubwolken erhoben sich rings um die beiden,
Von dem geflochtenen Wagen erregt und der Rosse Gestampfe.
Ringsum rasselt das prächt'ge Gespann und die Ränder am Wagen
Bei dem Enteilen der Rosse; da freute sich Kyknos, der edle,   65

V. 57. Kyknos, Sohn des Ares und der Pelopia, pflegte in dem Hain des
pagaſäischen Apollo den Wallfahrern nach Delphi aufzulauern und sie auszuplündern.

Hoffend, des Zeus kriegsmuthigen Sohn und den wackeren Lenker
Werd' er bezwingen mit Erz und berauben der herrlichen Rüstung.
Seine Gebete jedoch nicht hörete Phöbos Apollon,
Der ihm selbst aufregte die riesige Kraft des Herakles.
Hain und Opferaltar des Pagasäers Apollo   70
Leuchtete rings von dem schrecklichen Gott und seiner Bewaffnung;
Und gleich Feuer erglänzet' es ihm von dem Aug'; wer wagte
Ihm, als sterblicher Mann, zum Kampf entgegenzueilen,
Außer Herakles und dem gepriesenen Held Jolaos?
Denn bei diesen gar mächtige Kraft und unnahbare Hände   75
Hingen herab von der Schulter am festegegliederten Körper.
Und er begann zu dem Lenker der Rosse, dem Held Jolaos:
„Held Jolaos, der Sterblichen all' mir liebster im Herzen,
Gegen die Götter gewiß, die Bewohner des Himmels, gesündigt
Hat Amphitryon, als er zum wohlumkränzeten Thebä   80
Kam und hatte Tirynthos, die stattliche Veste, verlassen,
Wie er Elektryon um breitstirnige Rinder getödtet, —
Kam zu Kreon hierauf und Henioche, langen Gewandes,
Die ihm freundlichen Gruß und alles Gerechte bewiesen,
Wie's bei Flehenden ziemt, und ihn stets inniger ehrten.   85
Und dann lebt' er in Lust mit Elektryons stattlicher Tochter,
Seinem Gemahl; wir wurden im Laufe der Jahre geboren
Bald drauf; aber an Leib und Seel' unähnliche Brüder, —
Wir, dein Vater und ich. Ihm raubte sodann den Verstand Zeus,
Daß er verließ sein eigenes Haus und die eigenen Eltern,   90
Hinging, dienend zu ehren den frevelen Herrn, Eurystheus;
Thor! wahrhaftig, er seufzete bald unzählige Male
Ueber dem Unsinn schwer; doch dieß ist nimmer zu ändern.
Aber mir selber gebot ein Dämon schwierige Kämpfe.
Freund, doch fasse du jetzo die purpurnen Zügel geschwinde   95

B. 68. Gebete. Kyknos bat Apollo um Schutz für sein räuberisches Wesen
und hatte ihm einen Altar aus den Köpfen der Erschlagenen gelobt.
B. 95. Auffallend ist es, daß Herkules geradezu auf die Gegner losrennen will,
ehe er nur seine Rüstung angelegt hat. Allein dieß ist eben eines Herakles würdig.
Der vorsichtigere Jolaos mahnt ihn erst an seine Waffen, und Herakles muß nun
(B. 115) gleichsam über sich selbst lächeln.

Unserer hurtigen Roß' und muthiger immer im Herzen
Fahre geradaus drein mit der Kraft schnellfüßiger Rosse,
Ohne zu fürchten das Toben des männermordenden Ares,
Der jetzt mächtigen Lärms herrast in dem heiligen Haine,
Phöbos Apollons Haine, des fernhintreffenden Herrschers;   100
Wahrlich, so mächtig er ist: satt soll er bekommen im Kampfe!"
  Ihm entgegnete drauf der untadliche Fürst Jolaos:
„Werther, gewiß und wahrlich: der Vater der Menschen und Götter
Ehrt dein Haupt; gleich also der brüllende Ländererschütt'rer,
Welcher die Zinne von Thebe beherrscht und die Feste behütet;   105
Wie sie den Sterblichen doch, den gewaltigen, großen, gerade
Dir in die Hand jetzt führen, unsterblichen Ruhm zu gewinnen!
Auf! Jetzt kleid' in die Rüstung dich; dann nahe geschwinde
Unser Gespann und Ares' Gespann sich muthig einander,
Daß wir kämpfen; denn nimmer in Angst Zeus' muthigen Sprof-
          sen   110
Jaget er, oder Jphikles' Sohn; weit eher, vermein' ich,
Fliehet er selbst vor den zween Sprößlingen des edlen Alkiden,
Welche bereits ihm nahe gerückt, voll heißer Begierde,
Kampf zu beginnen und Streit; dieß freut sie vor Festesgelagen!"
  Also sprach er; da lächelte sanft die Gewalt des Herakles,   115
Herzlich erfreut, weil diesem die muthige Rede gefallen;
Und er erwiderte nun und sprach die geflügelten Worte:
„Göttergeborener Held Jolaos, nimmer entfernt ist
Uns die gefährliche Schlacht; drum, wie du noch immer beherzt warst,
Tummle das dunkelmähnige Roß, den gewalt'gen Areion,   120
Jetzt auch überall hin und stehe mir bei nach Vermögen!"
  Sprach's und legte die Schienen von glänzendem Erz des Gebirges

---

  V. 104. brüllend heißt Poseidon, weil das Rauschen der stürmenden Wellen dem Brüllen eines Stieres ähnlich schien.

  V. 112. Alkiden, hier: Amphitryo, Sohn des Alkäos: sonst Herakles gewöhnlich selbst.

  V. 122. Erz des Gebirges. „Bergerz", Orichalcum, ist eine dem Homer noch unbekannte Zusammensetzung von Gold und Kupfer, die bei den Etruskern sehr beliebt war.

Hesiod.   4

Alsbald sich an die Beine, Hephästos' köstliche Gaben;
Aber alsdann zum zweiten umhüllt' er die Brust mit dem Panzer,
Schön aus Golde gemacht, gar kunstreich, welchen Athene   125
Pallas, die Tochter des Zeus, ihm hatte gegeben, sowie er
Einst sich stürzte hinein in's schmerzliche Schlachtengetümmel.
Doch um die Schultern legt' er das fluchabwehrende Eisen,
Jener, der schreckliche Mann; um die Brust den geräumigen Köcher
Warf er sich hinten herum; drin ruheten viele Geschoffe,   130
Schaudervolle, des Todes, des sinneberaubenden, Spender.
Vorne — da hatten sie Tod und trieften von schmerzlichen Thränen,
Mitten da waren sie glatt und lang, an dem hinteren Ende
Mit dem Gefieder bedecket des dunkelfarbigen Adlers.
Jetzt den gewaltigen Speer, mit dem schimmernden Erze gespitzet, 135
Faßt' er und setzte dem wackeren Haupt den stattlichen Helm auf,
Kunstvoll, undurchdringlich und wohl an die Schläfe gefüget,
Welcher das Haupt umschirmte des göttlichen Helden Herakles.
Drauf mit den Händen ergriff er den Schild, den beweglichen; Niemand
Konnt' ihn brechen im Wurf, noch zerschmettern, — ein Wunder im Auge!   140
Denn da war ja doch Alles im Kreis von Gypse, von hellem
Elfenbein, von Elektron so blank, vom leuchtenden Golde

B. 137. unburchbringlich, eigentlich: „von Adamas", einem nicht
mehr bekannten, sehr starken Metall (von welchem nachher unser Diamant den Namen
erhielt).

B. 139. Schild. Die nun beginnende Beschreibung des Schildes gehört, wie
schon oben bemerkt, einem andern Dichter an, als das Bisherige. Uebrigens hat man
den Schild weder so ausgeführt, noch ausführbar zu denken, obwohl z. B. Schwan-
thaler im Kunstblatt 1840 Nr. 48. den lobenswerthen Versuch einer Darstellung gemacht hat. Hesiods Phantasie hat sich hier etwas zu frei bewegt, wie dieß auch bei
dem Schilde des Achilleus in der Ilias der Fall ist.

B. 141. Alles im Kreis, d. h. der ganze Schild in der Rundung scheint in
vier Felder zerfallen zu sein, wovon das eine mit Gyps, das zweite mit Elfenbein,
das dritte mit Bernstein (Elektron), das vierte mit Gold in der Art ausgeziert war,
daß diese vier Felder durch bläuliche Stahlstreifen von einander getrennt und das
Ganze vom Okeanos eingeschlossen war.

Schimmernd, zwischenhinein durchstreifet vom bläulichen Stahle;
Mittendarin von dem Drachen ein unaussprechliches Graunbild,
Welcher nach rückwärts schaute mit feuersprühenden Augen;   145
Weiß umliefen die Zähne, davon sein Rachen erfüllt war, —
Schrecklich und unnahbar; und über der gräßlichen Stirne
Schwebte der schreckliche Zwist und jagte die Männer in Harnisch, —
Thörichter Zwist, so Verstand und Sinn wegraubte den Menschen,
Welche dem Sohne des Zeus darbrächten die off'ne Befehdung. 150
Unter die Erd' entflieht dann ihnen die Seele zu Ais'
Dunkel hinab; die Gebeine, darin rings faulte die Haut ab,
Modern von Sirius' brennender Glut in der dunkelen Erde.
Drauf war auch die Verfolgung und Rückverfolgung gebildet
Und es entbrannte Getümmel und Angst und Männerermordung. 155
Zwist auch wüthete dort, Kriegslärm; die verderbliche Ker zog
Einen lebendig mit blutender Wund' und den Anderen wundlos,
Wieder den Anderen todt im Gefechte dahin an den Füßen;
Roth an den Schultern war ihr Kleid von dem Blute der Männer,
Fürchterlich wild ihr Blick; laut brüllte sie in dem Getöse.   160
Köpf' auch waren daran von unsäglich schrecklichen Schlangen, —
Zwölf; — die schreckten stets auf Erden die Stämme der Menschen,
Welche dem Sohne des Zeus darbrächten die off'ne Befehdung;
Und von den Zähnen erhob sich ein Zischen, sobald zu dem Kampf
ging
Er, des Amphitryo Sohn; dann glühte das herrliche Kunstwerk, 165
Und wie gesprenkelt erschien es dem Aug' an den gräßlichen Drachen;
Stahlblau waren sie längs auf dem Rücken und schwarz an den
Kiefern.
Dort auch waren von schäumenden Ebern Heerden und Löwen,
Welche sie wild anschauten und grollten und rannten zum Angriff;
Reih'nweis kamen die Schaaren daher; doch keine von beiden   170

V. 156. Ker, die Todesgöttin, die jeder Einzelne hat, s. v. a. Todesart.

V. 164. Zähnen, nicht der Kämpfer, sondern der Schlangen, deren Köpfe so angebracht waren, daß sie wie bewegliche Quasten herabhingen und daher bei jeder Bewegung des Schildes zusammenstießen und so ein Geräusch hervorbrachten.

4*

Bebte vor Angst; hoch sträubten sie beid' an dem Nacken die Haare.
Denn schon lag ein gewaltiger Leu am Boden, — herum zwei
Schweine, des Lebens baar; und es rieselt' herunter an ihnen
Dunkles Blut zu der Erde; doch jene — mit hängendem Nacken
Lagen sie todt, und besiegt von den furchtbarblickenden Löwen.   175
Doch sie erhoben sich jetzo noch heftiger, grimmig zum Kampfe, —
Beide, die schäumenden Eber und freudigblickenden Leuen.
Drauf war ferner die Schlacht von den langebewehrten Lapithen
Um Peirithoos her und den fürstlichen Dryas und Käneus,
Prolochos und Hopleus, Exadios, ferner Phaleros,   180
Mopsos, des Ampyx Sohn, — Titaresios, Sprossen des Ares,
Theseus, Aegeus' Sohn, den unsterblichen Göttern vergleichbar; —
Alle von Silber gebildet, mit goldenen Waffen am Leibe.
Andererseits Kentauren, — die sammelten sich gegenüber
Um den gewalt'gen Peträos und Asbolos, kundig der Vögel,   185
Arktos und Ureios und Mimas mit dunkelen Haaren
Und zwei Peukeussöhne, den Dryalos und Perimedes,
Alle von Silber gebildet, mit goldener Tann' in den Händen.
Und nun stürmeten sie, als lebten sie alle, zusammen,
Streckelen, Mann auf Mann, mit der Lanze sich und mit den Fich-
ten.   190
Ferner die flüchtigen Rosse des furchtbarblickenden Ares
Standen daselbst aus Gold; der verderbliche, beutebelad'ne
Ares selbst mit der Lanz' in der Hand und den Schaaren gebietend,
Roth vom Blute gefärbt, als mordet' er eben Lebend'ge,
Hoch auf dem Wagen stehend; und Angst und Schrecken da-
neben   195
Standen und sehneten sich, zum Kampfe der Männer zu gehen.
Ferner die Tochter des Zeus, die Erbeuterin Tritogeneia,
Grad' als wollte sie eben die Schlacht noch wilder in Harnisch
Bringen, den Speer in der Hand und den goldenen Helm auf dem
Haupte

B. 183. Goldene Waffen hatten die Lapithen, welche nachher die Sieger
blieben; die Kentauren wehrten sich nur mit „Tannen" und dergl. Diese Schlacht
bezeichnet das Uebergewicht der neueren verbesserten und geordneten Kriegskunst über die
alte, rohe Weise zu kämpfen.

Und um die Schulter den Schild; so schritt sie zur gräßlichen Feld-
schlacht.   200
Auch der Unsterblichen heil'ger Chor war drauf; in der Mitte
Spielte so lieblich daselbst der Sprosse des Zeus und der Leto
[Goldene Zitter; der göttliche Sitz ist der heil'ge Olympos,
Dort die Versammlung auch; rings herrschet unendliche Wonne]
In der Unsterblichen Kreis; und die Göttinnen hoben zu singen 205
An, die pierischen Musen; man glaubte die Stimme zu hören.
Weiter ein buchtiger Hafen des unüberwindlichen Meeres
War in der Runde gebildet von völlig geläutertem Zinne,
Grab' als käme die Fluth; auch tummelten mitten darinnen
Hin und her Delphine sich um, Meerfische zu jagen,   210
Grab' als schwämmen sie drin; und zwei, aus Silber gebildet,
Schnoben empor und schmausten das stumme Gezüchte der Wellen,
Daß da die Fische von Erz bang zappelten; aber am Ufer
Saß ein Fischer geruhig und lauerte; und in den Händen
Hielt er das Netz für die Fische, gerad' als würf' er es eben.   215
Dran war der lockigen Danaë Sproß', der reisige Perseus —
Nicht mit den Füßen berührend den Schild, noch ferne demsel-
ben; —
Mächtiges Wunder zu sagen, dieweil er nirgend gestützt war;
Also hatte die Hand des erhabenen hinkenden Gottes
Ihn aus Golde gemacht; auch trug er geflügelte Sohlen.   220
Und um die Schultern hing in der schwärzlichen Scheide das eh'rne
Schwert am Riemen; und er flog hurtig dahin, wie Gedanken.
Aber den Rücken bedeckte das Haupt des entsetzlichen Unthiers
Gorgo ganz; rings lief ein Beutel, — ein Wunder dem Auge —
Silbern, an welchem sodann hellschimmernde Quasten herunter   225
Hingen aus Gold; um die Schläfe des Königs lag die gewalt'ge

V. 217. Etwas wunderliche Vorstellung, die jedoch bei anderen Schriftstellern
Analogien hat. Uebrigens schwebt Perseus hier in der Luft, weil er von den Gräen
(vgl. oben) zu seinem Kampfe mit den Gorgonen unter Anderem die Flügelschuhe
erhalten hatte.
V. 724. Beutel, oder Tasche; gleichfalls ein Geschenk der Grajen, worin er
etwa das abgeschlagene Haupt der Medusa trug.

Albeshelm und hatte der Nacht entsetzliches Dunkel.
Aber er selbst, als eilt' er dahin und wäre geängstet,
Perseus, Danae's Sohn, lief mächtig und jene dahinten
Jageten ihn, die Gorgonen, die gräßlichen, unnahbaren,   230
Strebend, ihn zu erhaschen; da hallt' an dem bleichen Demantfeld,
Als sie daher jetzt kamen, der Schild mit gewalt'gem Getöse
Scharf und hell. An den Gurten jedoch zwei giftige Schlangen
Reckten sich hoch in die Höh' und bogen zur Seite die Köpfe.
Und die züngelten beid' und knirschten vor Wuth mit den Zäh-
nen   235
Furchtbar grimmigen Blicks; und über den schrecklichen Häuptern
Wogte gewaltige Furcht den Gorgonen und oben darüber
Standen die Männer im Kampf und hatten die Waffen des Krieges —
Diese der heimischen Stadt und den eigenen Eltern das Unheil
Wehrend, jene dagegen sie völlig zu tilgen gedenkend.   240
Viele bereits dort lagen zu Boden; doch Mehrere kämpften
Muthiglich fort; und die Fraun auf stattlich gebaueten Thürmen
Schrieen im Erz laut auf und zerfleischten sich alle die Wangen,
Ganz den lebendigen ähnlich, — ein Werk des berühmten Hephästos.
Männer jedoch, die Greise bereits und vom Alter erhascht sind, 245
Waren in mächtiger Schaar vor den Thoren und hoben die Hände
Hoch zu den seligen Göttern empor, um die eigenen Söhne
Fürchtend; diese beharrten im Kampf und hinter den Reihen
Standen die finsteren Keren und knirschten mit blinkenden Zähnen,
Furchtbar gräßlichen Blicks, vom Blute gefärbt, unnahbar   250
Stritten sie dort um die Fallenden sich; und alle gelüstet's
Gierig nach schwärzlichem Blut; und wen sie am ersten gefunden
Liegend, oder so eben von Wunden gefallen, — so warf dann
Jede die mächtigen Krallen an ihn, und zum Ais hinab stieg
Tief in des Tartaros Schauer der Geist; war ihnen das Herz nun 255

B. 227. Aibeshelm, d. h. Helm der Unsichtbarkeit, wie in den Niebelungen
die Tarnkappe.
    B. 255. Tartaros, wo man nach Hesiodischer Anschauung nur den „Hades"
erwarten sollte, — einer von den mancherlei Gründen, wornach dieser ganze Abschnitt
nicht sowohl von Hesiod, als vielmehr von einem späteren, etwa alexandrinischen
Dichter herrührt.

Satt von dem menschlichen Blute, so warfen sie diesen zurücke,
Und dann fuhren sie wieder dahin in dem Schlachtengetümmel.
Klotho und Lachesis standen dabei, um ein weniges kleiner
Atropos; denn nicht groß war die Göttin, wiewohl sie dagegen
Doch vor den anderen herrlich erschien und die höchste von Alter. 260
Jetzo erhoben sie all' ein hitziges Kämpfen um Einen
Mann, und schauten einander ergrimmt mit zornigem Blick an,
Gleich im Streite die Krallen und muthigen Hände gebrauchend.
Traurigkeit stand zur Seite von schmählichem, kläglichem Anblick,
Bleich, entstellt und niedergedrückt vom zehrenden Hunger,   265
Und mit geschwollenem Knie, an der Hand langragende Nägel.
Unrath quoll von der Nas', und auch von den Wangen herunter
Träufelte Blut zu der Erde; mit scheußlich verzogenem Antlitz
Stand sie daselbst, und mächtiger Staub lag über den Schultern,
Thränengebadet.   Dabei stand eine bethürmete Stadt noch;   270
Goldene Pforten beschirmeten sie mit festem Gebälke,
Sieben an Zahl; die Bewohner in Reigen und jubelnder Wonne
Freueten sich; denn die auf herrlich berädertem Wagen
Brachten die Gattin dem Mann und mächtig erhob sich das Brautlied;
Fernhin blinkte der schimmernde Glanz von den brennenden Fackeln 275
Dort in den Händen der Diener; die Fraun, hell blühend in Wonne,
Gingen voraus und scherzende Chorreihn folgten ihnen.
Unter der hellen Syringen Getön laut sangen die Männer
Aus holdseligem Munde, davon rings tönte das Echo;
Andere führten zum Leiergetön' anmuthigen Tanz auf.   280
Weiter davon dann schwärmten die Jungen zum Klange der Flöten,
Manche davon laut scherzend mit lustigem Sprung und Gesange,

V. 258. kleiner ist Atropos (die „Unabwendbare"), weil sie die dritte der
Parcen ist und die letzte, nur noch kurze Lebenszeit mit dem Tode selbst darstellt.
V. 261. alle, nämlich: die Keren.
V. 269. Staub und Asche.
V. 274. Der Hochzeitaufzug war so eingerichtet: zuerst kamen Dienerinnen mit
Fackeln, dann ein Wagen mit der Braut, dann zwei Chöre, einer mit Pfeifen, der
andere mit Cithern. Diesem Zug kam von Seiten des Bräutigams eine Schaar von
Jünglingen entgegen, welche theils tanzten, theils in Worten ihre Heiterkeit aus-
drückten.

Manche mit hellem Gelächter; vom Flötenspieler geleitet
Ging ein Jeder voran; rings herrschte die Wonne, der Reigen,
Jubelnde Lust in der Stadt. Doch Andere außer dem Stadtthor 285
Ritten einher auf Rossen und tummelten sich. Und die Pflüger
Pflügten die göttliche Erd' und hatten die Untergewänder
Fleißig geschürzt. Dort war ein tiefes Gefilde; da mähten
Etliche frisch mit der Schneide der Sichel die starrenden Halme,
Tief von den Aehren gebeugt, wie lauteres Korn der Demeter. 290
Andere banden in Garben die Frucht und beluden die Tenne,
Andere lasen den Wein und hatten das Messer in Händen,
Andere brachten in Körben, soviel sie vom Winzer erhalten,
Weiß' und schwärzliche Trauben, am großen Gelände gesammelt,
Welches sich bog von der Menge des Laubs und den silbernen Ran-
ken.   295
Andere trugen in Körben und ihnen zur Seite befand sich
Golden ein Rebland, — herrliches Werk des verständ'gen Hephästos,
Munter bewegt von dem wallenden Laub und den silbernen Pfählen,
Niedergedrückt von den Trauben, die schwärzliche Farbe gewan-
nen.   300
Andere kelterten, Andere schöpften und Andere kämpften
Faustkampf, oder im Ringen; und flüchtige Hasen verfolgten
Andere Männer als Jäger, — voraus scharfzahnige Hunde,
Strebend die Hasen zu fangen, und diese, dem Hund zu entrinnen.
Nebenbei dann mühten sich Reisige, die um den Kampfpreis   303
Streit und Mühe sich machten; im herrlich geflochtenen Wagen
Standen die Lenker und trieben zum flüchtigen Laufe die Rosse,
Weit nachlassend die Zügel; da flogen mit lautem Gelärme
Sicher gefügete Wägen; die Naben erdröhneten mächtig.
Ach, die hatten ja ewige Müh'; denn nimmer erreichte   310
Einer den Sieg; stets blieb ihr Kampfstreit sonder Entscheidung.
Diesen auch lag ein mächtiger Dreifuß innen im Wahlplatz,
Ganz aus Gold, ein treffliches Werk des verständ'gen Hephästos.

V. 286. Ritten. Die Sitte zu reiten findet sich bei Homer noch nicht.
    V. 298. Nach diesem steht ein ganz unpassender, V. 252 wiederholender Vers,
den wir auslassen, da er auch in mehreren Handschriften fehlt.

Rings um den Rand lief dann der Okeanos, ganz wie geschwollen,
Faßte zusammen den künstlichen Schild; und hinunter an ihm
nun   315
Lärmte die Schaar hochfliegender Schwän' und andere zahlreich
Schwammen in Wasser zuoberst; es hüpften die Fische daneben, —
Wunder dem Aug' auch selbst für den Donnerer Zeus, durch dessen
Rath Hephästos den Schild, den gewaltigen, festen, erschaffen,
Bildend mit künstlicher Hand. Und Zeus' vollkräftiger Sprößling 320
Schwang ihn mächtig und stürmte hinauf zu dem Rossegespanne,
Aehnlich dem Blitze des Vaters, des ägistragenden Gottes,
Flüchtig im Sprung; ihm lenkte der mächtige Führer Jolaos,
Als er den Wagen bestieg, gradaus die gebogenen Räder.
Und jetzt nahte die Göttin, die klarblauäugige Pallas,   325
Und sie ermuthigte beid' und sprach die geflügelten Worte:
„Freude zuvor, Lynkeus' Entsproff'ne, des ferneberühmten!
Jetzt schenkt Zeus euch Sieg, der Gebieter der seligen Götter,
Daß ihr Kyknos erlegt und beraubet der herrlichen Rüstung.
Aber ein anderes Wort, du weltaus Bester der Völker,   330
Höre; sobald du dem Kyknos das freundliche Leben genommen,
Lasse du ihn dann liegen am Ort sammt seiner Bewaffnung,
Warte du selbst auf den mörd'rischen Ares, wenn er herankommt.
Wo du sodann entblößt ihn unter dem künstlichen Schilde
Dort mit den Augen gewahrst, da verwund' ihn mit spitzigem
Erze;   335
Nachher weiche zurück, weil's dir nicht also bestimmt ist,
Weder die Rosse zu nehmen, noch seine gepriesene Rüstung!"
Also sprach sie und stieg in den Wagen, die herrliche Göttin,
Welche den Sieg und Ruhm in unsterblichen Händen heranträgt,

V. 322. Dem Blitze nach Schnelligkeit und Waffenglanz ähnlich.

V. 327. Lynkeus' Entsprossene. Die Genealogie des Jolaos war folgende: Lynkeus, Abas, Akrisios, Danae, Perseus, Alkäos, Amphitryo, Jphikles. Jolaos

V. 330. Bester der Völker. Athene wendet sich ganz an Herakles.

V. 338. in den Wagen, des Herakles, wo sie sich durch den Nebelhelm unsichtbar machte.

V. 339. in den Händen, durch die Aegide.

Eilig hinauf. Doch jetzo der göttliche Held Jolaos   340
Mahnte die Rosse mit schallendem Ruf, und diese vom Scheltwort
Zogen geschwind durch's Feld im Staube das schnelle Gespann hin.
Muth gab ihnen die Göttin, die klarbläuäugige Pallas,
Als sie die Aegis mächtiglich schwang; rings seufzte die Erde.
Aber da ziehn auch jene daher, gleich Feuer und Sturmwind, 345
Kyknos, der reisige Held, und Ares, im Kampf unersättlich.
Bald, als gegen einander die Rosse sich nahe gerannt sind,
Wiehern sie hell, daß rings sich brach am Gebirge das Echo.
Aber zu reden begann nunmehr die Gewalt des Herakles:
„Kyknos, o Freund, was lenkt ihr auf uns die beflügelten
                                    Rosse?   350
Wir sind doch wohl Männer, bekannt mit der Mühe des Kampfes!
Aber — so lenke das blanke Gespann beiseit' und fahre
Nebenhinaus vom Weg'! Ich fahre vorüber nach Trachis,
Hin zu Keyr, dem Fürsten; er gehet an Macht und an Ehre
Sämmtlichen vor in Trachis; du weißt das selber am besten,   355
Weil du gefreit sein Kind, Themistonoe, dunkelen Auges.
Trauter, es wird dir Ares das Ende des Todes gewiß nicht
Wehren, sofern wir jetzt zum Kampfe zusammen getroffen!
Der hat wohl ein anderes Mal schon unsere Lanze,
Sag' ich, erprobt, — damals, als über das sandige Pylos   360
Er mir stand gegenüber, des Kampfs sehnsüchtig begehrend.
Dreimal, getroffen von meinem Geschoß, stemmt' er auf die Erde
Sich mit verwundetem Schilde; das vierte Mal traf ich die Hüfte
Strebend mit aller Gewalt und riß ihm tief in das Fleisch ein;
Jäh in den Staub zur Erd' entsank er vom Wurfe des Speeres.   365
Und fast wär' er verachtet im Kreise der Götter geworden,
Hätt' er in unseren Händen gelassen die blutige Rüstung!"
    Sprach's; doch Kyknos, der Held mit der tüchtigen Lanze, gedachte
Nicht, ihm folgend zu hemmen die wagenziehenden Rosse.
Jetzt vom gewundenen Sitz entsprangen sie rasch zu der Erde,   370
Zeus', des gewaltigen, Sohn und auch Enyalios' Sprößling.
Nahher trieben die Lenker die herrlich gemähneten Rosse
Und vom Gestampfe der Huf' erdröhnte das weite Gefilde.
Gleich als wenn von des großen Gebirgs hochragender Kuppe

Felſen herab entrollen und ſtürzen ſich übereinander;   375
Viel' hochblätt'rige Eichen ſodann und Föhren in Menge,
Pappeln zugleich, mit gebreiteter Wurzel, zerbrechen von ihrem
Rollenden, leichten Gehüpf', bis hinab ſie gelangt zu der Eb'ne:
Alſo ſtürzten ſie auch auf einander mit großem Getöſe;
Aber die myrmidoniſche Stadt und die herrliche Jolkos,   380
Arne und Helike auch, und die waldenreiche Antheia
Schalleten laut von der Stimme der beiden, welche mit furchtbar'm
Kriegsgeſchrei anſtürmten; da donnerte laut der Berather
Zeus und warf von dem Himmel herab blutfarbige Tropfen,
Zeichen zu geben des Krieges dem eigenen, tapferen Sohne.   385
Wie in den waldigen Schluchten des Bergs ein Eber, zu ſchauen
Gräßlich, mit ſtarrendem Zahne, gedenkt in dem Herzen zu kämpfen
Wider die zagenden Männer und wetzet den blinkenden Hauer,
Wild ſich krümmend; der Schaum läuft ihm um's Maul bei dem Kauen,
Aber die Augen erglänzen an ihm, wie leuchtendes Feuer;   390
Grad' in die Höh' am Nacken und Hals erhebt er die Borſten:
Ihm gleich ſtürzte der Sproſſe des Zeus vom Roſſegeſpanne.
Wann mit den bläulichen Flügeln die tönende Grill' auf dem grünen
Zweigwerk ſitzet im Sommer und jetzo den Menſchen zu ſingen
Anfängt, deren Getränk' und Speiſe der blühende Thau iſt, — 395
Und nun läßt ſie die Stimme erſchallen von Morgen bis Abend,
In der entſetzlichſten Hitze, da Sirios brennet die Leiber,
(Wann ſich jetzo die Kolben der Frucht an der Hirſe geſtalten,
Welche man ſät im Sommer, wann ſauere Trauben ſich färben,
Die Dionyſos den Menſchen zu Freud' und Jammer gegeben;) 400
Dieß war die Stunde des Kampfs und mächtiges Toſen erhob ſich.
[Eben, als wie zwei Löwen um eine getödtete Hirſchkuh
Stürzen, einander zürnend, zum gegenſeitigen Angriff;
Schreckliches Brüllen zugleich und Knirſchen der Zähne vernimmt man.]
Oder wie zwei krummkrallige Geier, am Schnabel gebogen,   405

V. 380. **myrmidoniſche Stadt**, liegt in Theſſalien, Jolkos ebenfalls,
dagegen Arne in Böotien, Helike und Antheia ſogar im Peloponnes. Der Schall der
Heldenſchlacht iſt alſo wirklich abenteuerlich groß. Vielleicht denkt der Dichter beim
Schall zugleich an das weit — beſonders in die heimathlichen Orte des Herakles —
ſich verbreitende Gerücht von jenem Kampfe.

Auf dem erhabenen Felsen mit lautem Geschrei sich bekämpfen,
Sei's um die bergebeweidende Gais, die gemästete, wilde
Hirschkuh, welche erlegt' ein Jüngling, der sie getroffen
Scharf mit dem Pfeil von der Sehn' und selber von dannen verirret,
Weil er den Ort nicht kannte; doch jene bemerkten es alsbald;   410
Blitzschnell fingen sie jetzo darüber den hitzigen Kampf an:
So mit Getös' auch stürzten sich Jene nun wider einander.
Allda gelüstet's Kyknos, des übergewaltigen Zeus Sohn
Jetzt zu erlegen; er traf des Herakles Schild mit dem Erzspeer,
Ohne zu brechen das Erz; ihn schirmte die Gabe des Gottes.   415
Aber Amphitryons Sohn, der gewaltige Kämpfer Herakles,
Traf ihn zwischen den Helm und Schild mit der mächtigen Lanze
In den entblößeten Hals blitzschnell, grad' unter dem Kinne
Mitten hinein voll Macht.   Da zerschnitt ihm schnelle die beiden
Sehnen die mörd'rische Lanze; die Vollkraft schwang sie des Hel-
ben.   420
Und er sank, wie die Eiche dahinsinkt, oder ein Felsblock,
Unersteiglich, getroffen von Zeus' glutdampfendem Strahle;
Also sank er; da klirrten die Waffen, mit Erze gezieret.
Ihn nun ließ dort liegen des Zeus' kühnherziger Sproſſe,
Selbst auflauernd dem mordenden Ares, welcher daherkam,   425
Schrecklichen Blicks, wie wenn ein Löwe getroffen ein Wildthier,
Welchem er jetzt gar eifrig die Haut mit gewaltigen Krallen
Mitten zerreißt und schnelle benimmt das erfreuliche Leben;
Innen von grimmigem Muthe erfüllt sich das finstere Herz ihm;
Funkelnden Blickes zerpeitscht er gewaltig die Lend' und die Schul-
ter   430
Jetzt mit dem Schweif und scharrt mit den Füßen und Niemand wagt es,
Ihm entgegen zu blicken und nahe zu treten zum Kampfe:
Also stand des Amphitryo Sproſſ', im Kampf unersättlich,
Ares jetzt gegenüber, — (ihm wuchs in der Seele die Kühnheit —)
Eilig; da kam auch Jener heran, ingrimmigen Herzens;   435
Beide mit lautem Geschrei hinstürmten sie gegen einander.
Gleich als wenn vom großen Gefels' ein Stück sich herunter
Stürzt und in mächtigem Sprunge daherwälzt, und mit Getöse
Eilig heran sich bewegt; da stellt' ein erhabener Hügel

Ihm sich entgegen, davon er gehemmt wird, wo er ihn aufhält: 440
So mit Getös' auch stürmte der Wagenzerschmetterer Ares
Nun, der Verderber, heran; doch Jener willig empfing ihn.
Aber Athene jetzo, des ägistragenden Zeus Kind,
Eilte dem Ares entgegen und hatte die finst're Aegibe;
Schwer ingrimmigen Blicks die geflügelten Worte begann sie: 445
„Ares, o hemme die mächtige Wuth, die unnahbaren Hände!
Dir ist's nimmer gestattet, die herrliche Wehr dem Herakles,
Den du erlegt, vom Leibe zu thun, Zeus' tapferem Sohne;
Auf denn, lasse die Schlacht! Tritt mir nicht feindlich entgegen!"
Sprach es, allein sie bered'te des Ares muthiges Herz nicht, 450
Sondern mit lautem Geschrei und schwingend die feurigen Waffen
Stürmt' er in Eile daher, grad' auf die Gewalt des Herakles,
Ihn zu erlegen begehrend, und sandte die eherne, rasche
Lanz', um den eigenen Sohn tief grollend, welcher gestorben,
In dem gewaltigen Schilde. Die klarbläuäugige Pallas 455
Reckte sich aus von dem Wagen und wandte der Lanze Daherkunst.
Ares in beißender Wuth riß jetzo das schneidige Schwert aus,
Stürmte damit auf Herakles, den muthigen; doch wie er annaht,
Traf des Amphitryo Sproß', in schrecklichem Kampf unersättlich,
Als er die Hüfte, gedeckt vom künstlichen Schild, entblößte — 460
Traf ihn dieser mit Macht und riß ihm tief in das Fleisch ein
Mit dem geschwungenen Speer und warf ihn mitten zu Boden.
Aber da trieben geschwind am gerundeten Wagen die Rosse
Schreck und Fürchten heran, und von der gebreiteten Erde
Legten sie ihn auf den künstlichen Sitz; dann peitschten sie eilig 465
Wieder die Roß' und kamen hinauf zu dem weiten Olympos.
Aber Alkmene's Sohn und der wackere Held Jolaos,
Als sie dem Kyknos geraubt von der Schulter die prächtigen Waffen,
Kehrten sie um und kamen darauf zu der Stadt von Trachis
Schnell mit den flüchtigen Rossen; die klarbläuäugige Pallas 470

V. 441. Wagenzerschmetterer, wahrscheinlich, weil unter der Last eines
ungeheuern göttlichen Körpers der Wagen bricht, welche Erklärung auch durch Homerische Stellen unterstützt wird.
V. 466. Schreck und Fürchten erscheinen hier als zwei personificirte Diener
und Begleiter des Ares.

Eilte zum großen Olymp und dem Hause des göttlichen Vaters.
Aber den Kyknos begrub Kéyx und unendliche Volkszahl,
Die in der Nähe der Stadt des gepriesenen Königes wohnten,
[Anthe, die myrmidonische Stadt, die gepries'ne Jolkos,
Helike dann und Arne; da kam viel Volkes zusammen,]   475
Kéyx im Tode zu ehren, den Liebling seliger Götter.
Aber das Grab und Mal entrückte den Augen Anauros,
Hoch von dem Winterregen geschwollen; denn also befahl ihm
Leto's Sprößling, Apoll; denn Jedem, der Feßhekatomben
Führte nach Pytho, lauert' er auf und nahm sie gewaltsam.   480

V. 477. Anauros, Fluß in Thessalien.

Hauslehren

oder

Werke und Tage.

Mufen, Pieria's Töchter, die Ruhm im Liede gewähren,
Kommet heran, fingt Zeus, lobt euren Erzeuger in Hymnen!
Er fetzt fterbliche Menfchen in Unehr' oder in Ehren,
Ruhm und Schande verleiht er, fo wie's der erhabene Zeus will!
Leicht gibt Stärke der Gott, leicht wirft Er Starke zu Boden,   5
Leicht demüthiget Er auch Mächtige; Nied're beglückt Er;
Leicht macht Er felbft Krumme gerad'; Hochmüthige dämpft Er,
Zeus, der gewaltige Donn'rer im Haufe des ewigen Aethers. —
Merke mit Aug' und Ohr, und richt' nach dem Rechte das Urtheil,
[Perfes, ich will dir wahrhaftige Dinge berichten!]   10

Eris ward nicht Eine geboren allein; auf der Erde
Gibt's wohl zweie. Davon kann Eine der Kluge beloben;
Rüge verdienet die Andre. Sie find am Geifte verfchieden.
Jene, — fie nährt nur traurige Fehb' und bittere Feindfchaft

B. 1—10. Schon die Alten haben diefe Einleitung dem Hefiod abgefprochen.
Der Hymnus auf Zeus ift von irgend einem Unbekannten hier angefügt, weil es eben
fromme Sitte war, wo möglich überall a Jove principium zu machen. V. 10 ift ohne-
hin nur ein verunglückter Verfuch, einen Uebergang zum eigentlichen Gegenftand He-
fiods zu finden.
B. 11. Eris 2c. Sinn: „es gibt in der Welt eine zweifache Art von Streit
und Wettftreit" 2c.

Hefiod.   5

Wild; kein Sterblicher liebt sie darum; nur weil man es eben   15
Muß nach göttlichem Rathe, verehrt man die lästige Eris.
Aber die Andere, Aelt're, gebar tieffinstere Nacht einst,
Und sie schuf der erhabene Zeus, der thronet im Aether
Und in dem Erdgrund und in der Welt, zum nützlichen Heile;
Sie treibt lässige Hände sogar zur munteren Arbeit.   20
Mancher, in Arbeit faul, schaut hin auf andere Reiche;
Und nun sät auch dieser und pflanzet in eifriger Eile,
Bringet das Haus sich zurechte; der Nachbar neidet den Nachbar,
Der zu dem Wohlstand eilt; die Eris nützet den Menschen!

Töpfer zürnet dem Töpfer; den Zimmerer hasset der Zimm'rer,   25
Und so neidet den Bettler der Bettler, der Sänger den Sänger.

Dieß, o Perses, lege du wohl dir nieder im Herzen;
Nie entziehe die Seele der Arbeit bösliche Feindschaft,
Daß du nach Händeln spähst und Marktunruhe mit anhörst!
Wenige Zeit nur bleibt für Markt und Händel erübrigt,   30
Wem nicht Habe genug auf Jahr und Tage daheim liegt,
Zeitige Frucht, wie die Erde sie bringt, Korngabe Demeters.
Hast du davon erst satt, — dann zank' und streite dich immer
Um nicht eignen Besitz! Doch sei dein erstes Geschäfte
Also zu thun: wir endigen alsbald unseren Hader   35
Nur durch's redliche Recht, das Zeus' vollkommene Gab' ist.
Längst schon wurde das Erbe getheilt, viel Anderes aber
Nahmst du davon als Raub, und rühmst die Gewaltigen höchlich,
Spendengefräßige, die gern solche Gerichte besorgen!

V. 17. Aeltere. Nach der Ansicht der antiken Welt ist das Aeltere gewöhnlich
auch das Vorzüglichere, Bessere.

V. 25. 26. Wahrscheinlich ein altes Sprichwort.

V. 38. Die Gewaltigen, im Texte heißen sie sogar „Könige"; es sind aber
lediglich die Vorsteher und Richter in der kleinen Stadtgemeinde Askra.

Thoren! Sie wiffen es nicht, daß Halb mir beffer als Ganz ist, 40
Noch wie Lilienknoll' und Malve so köstliche Labsal!

Tief versteckten die Götter bis heut' uns Menschen die Nahrung;
Leicht ja gewänn'st du sonsten an Einem Tage mit Arbeit,
Daß du wol auf ein Jahr ohn' irgend Mühe besäßest,
Hängtest gleich zur Stelle das Steuerruder im Rauch auf;   45
Auch wär's aus mit der Stiere Geschäft und der fleißigen Mäuler.
Doch Zeus barg sie hinunter, erfüllt im Geiste mit Ingrimm,
Weil ihn hatte betrogen der arglistvolle Prometheus;
Deßhalb sann er dem Menschengeschlecht auf trauriges Elend
Und — er versteckte das Feuer! Doch Japetos' herrlicher Sproffe 50
Stahl es den Menschen zurück vom weise berathenden Gott Zeus
In dem gehöhlten Rohre; der Donnerer ahnete gar nichts.
Doch bald redete Zeus im Grimme, der Wolkenversammler:
„Japetos' Sohn, du, gewandt in Trug und Tücke vor Allen,
Freust dich, daß du die Flamme geraubt, mein Herze getäuscht hast, 55
Dir, dir selbst zum bitteren Leid und künftigen Menschen!

B. 40. Halb beffer als Ganz, d. h. auch ein kleiner, aber ehrlicher Besitz
ist einem großen, unrechtmäßigen vorzuziehen; bei gutem Gewiffen lebt man auch mit
einfacher Kost glücklich und zufrieden.

B. 45. im Rauch, um es vor dem Verderben zu schützen.

B. 46. der Stiere Geschäft, d. h. die Felder.

B. 47. Die nun folgende Erzählung ist nur aus Hesiod selbst zu erklären. Man
vergleiche daher Theog. 535 2c. Zu Mekone stritten die Menschen mit den Göttern
und Zeus wurde durch die List des die Menschen vertretenden „klugen" Prometheus
dergestalt hintergangen, daß er sich, ohne es zu merken, die Knochen wählte und den
Menschen das Fleisch ließ. Zur Strafe entzog er ihnen das Feuer, das jedoch Prometheus wieder stahl und den Menschen zurückbrachte. Für diesen neuen Frevel gab ihnen
Zeus die Pandora (Gabenreiche). Der Sinn dieser Sage geht dahin, daß er die
Sitten der Frauen in's Schlechtere verwandelte, sie modesüchtig machte, ihnen Leicht-
sinn und Hang zum Luxus einflößte, wodurch sie den Fleiß und das Streben der
Männer wieder unnütz machten. Denn Frauen überhaupt gab es wohl schon, ehe
Epimetheus („der zu spät sich Besinnende") die Pandora erhielt, aber sie hatten noch
nicht jenes ganze Wesen, das von der Künstlerin Minerva und Venus stammte und
das sich um die nämliche Zeit entwickelte, da der Geist der Männer durch Prometheus
seine höhere Bildung empfing.

Denn für's Feuer — da geb' ich ein Unheil, dran sich im Herzen
Jeder erfreut und liebend umarmt sein eigenes Elend!"
  Also sprach und lachte der Vater der Menschen und Götter,
Und dem Hephästos gebot er, dem herrlichen, ohne Verziehen   60
Erde mit Wasser zu mengen, die Stimm' und Kräfte des Menschen
Ihr zu vereinen; unsterblichen Göttinnen aber am Antlitz
Sollte die Jungfrau gleichen an lieblicher Schöne; die Pallas
Sollte die Werke sie lehren, am Webstuhl schöne Gewebe,
Anmuth leihen am Haupt Aphrodite, die goldene Göttin,   65
Unruhvolle Begier und gliederzierende Sorgfalt.
Listige Sitt' und dreiste Gesinnung sollte zuletzt noch
Hermes ihr einflößen, der hurtige Argosmörder.
  So sprach Zeus und jene gehorchten dem Herrscher Kronion.
Alsbald formt' sie von Erde der hinkende Meister Hephästos,   70
Züchtiger Jungfrau gleich, ganz nach des Kroniden Gebote;
Gurt und Schmuck — den reichte die muthige Göttin Athene;
Göttliche Grazien aber und hochehrwürdige Peitho
Legten am Hals ihr goldene Reif' an; und so bekränzten
Auch schönlockige Horen am Haupt sie mit Blumen des Lenzes;   75
Sämmtlichen Schmuck am Leib dann ordnete Pallas Athene.
Aber im Herzen erweckt' ihr der hurtige Argosmörder
Lüg' und kosende Red' und schlaue verstohlene Sitten
So, wie der Donnerer wollte; beredtere Sprache verlieh ihr
Jetzo der göttliche Bot' und nannte dasselbige Fraunbild   80
Dann Pandora, dieweil ihr alle Bewohner im Himmel
Gaben verehrt, zum Leid der erfindsam fleißigen Menschen.
  Als er den jähen Betrug, den unabwendbaren, beendigt, —
Zum Epimetheus sandte der Vater den herrlichen Hermes,
Mit dem Geschenke, den hurtigen Herold; und Epimetheus   85
Dachte daran nicht mehr, daß einst ihm sagte Prometheus:
Nichts von Zeus im Olymp als Gabe zu nehmen; — es heimwärts
Wieder zu senden, damit kein Leid draus sprosse den Menschen.
Aber er nahm's und als er das Urtheil hatte, so merkt' er's.
  Denn wohl lebeten einst auf Erden die Stämme der Menschen 90
Jeglichem Elend fern und auch mühseliger Arbeit,
Ferne der Krankheit Schmerz, der jetzt so Viele dahinrafft;

[Schnelle befällt ja die Sterblichen auch im Leibe das Alter!]
Aber das Weib entfernte den mächtigen Deckel der Büchse,
Ließ es heraus und dachte der Welt gar trauriges Unheil.   95
Hoffnung blieb da noch einzig im unzerbrechlichen Hause,
Unter'm Rande der Büchse darin, flog nicht zu der Oeffnung
Hastig heraus; denn flink schloß Jene den Deckel der Büchse,
[Nach Zeus' göttlichem Rathe, des donnernden Aegisträgers.]
Doch sonst irrt auf Erden umher unzählige Trübsal;   100
Voll ist jetzt vom Wehe das Land, voll sind die Gewässer;
Krankheit jeglicher Art bei Tag und nächtlicher Weile
Flieget von selber umher und bringet den Sterblichen Unheil,
Stille, dieweil ihr Zeus, der Berather, die Stimme genommen.
Und so vermag kein Mensch jemals, Zeus' Sinn zu vermeiden! 105

- _____

[Wenn du begehrst: — ich werde sodann noch ein anderes Wort dir
Gut und weise berichten, — o trage du dieses im Herzen! —
Wie einst Götter zumal und sterbliche Menschen geworden.]
Erst ein goldnes Geschlecht der vielfach redenden Menschen

_____

B. 94. Büchse. Wahrscheinlich fehlen einige Verse, in denen erzählt war,
wie Pandora diese berüchtigte Büchse aus dem Palaste des Zeus mitgebracht hatte.
Alle Leiden des Lebens waren durch den vorsichtigen Prometheus bisher in derselben
eingeschlossen, so daß hiedurch die Menschen von ihnen frei geblieben waren; doch stand
sie in Epimetheus' Hause, und als Pandora den Deckel nicht sowohl unvorsichtiger
Weise, als vielmehr auf Zeus' Befehl öffnete, so flogen sie urplötzlich alle heraus, —
mit Ausnahme der Hoffnung, die zurückblieb, weil die betroffene Pandora schnell
wieder den Deckel schloß. Daß die Hoffnung auch mit den andern Uebeln darin sein
konnte, erklärt sich aus den vielfachen Täuschungen, die sie für den Menschen herbei-
zuführen pflegt. Nach ihrer freundlichen Seite dagegen ist sie jetzt der einzige Trost,
der im Besitze der unglücklichen Sterblichen geblieben.

B. 109. Die nun folgende Schilderung der verschiedenen Weltalter bildet ein
für sich bestehendes Ganze, das vielleicht deßwegen an dieser Stelle eingereiht wurde,
um zu zeigen, wie viel glücklicher die Menschen früher waren, als seit jener Zeit, dadurch Prometheus alle Uebel in die Welt hereinbrachen. — Daß die verschiedenen Zeit-
alter ihre Bezeichnungen von Metallen erhalten, hat seinen Grund theils in einer gewissen Aehnlichkeit des Wesens mit denselben, theils in dem Umstande, daß Menschen
und Götter nach antiker Vorstellung überhaupt aus der Erde entsprungen sind.

Schufen die Ewigen einst, die Bewohner im Haus des Olympos; 110
[Als die letzten, da war noch Kronos König im Himmel:]
Und wie die Götter, so lebten sie all' — ganz ohne Betrübniß,
Weit von Mühe getrennt und Arbeit; klägliches Alter
Nahete nicht; sie blieben an Hand und Fuße sich immer
Gleich, — voll Freud' am Mahle, des Uebels ledig in Allem; 115
Sterben — es war, als schliefe man ein; das Erfreuliche sämmtlich
Hatte man hier; Frucht brachte die nahrungsprossende Feldflur
Ganz freiwillig in Hüll' und Fülle; nach eigenem Antrieb,
Still arbeitete man sein Werk mit gesegneter Habe,
[Reich an wolligen Heerden, geliebt von den seligen Göttern.] 120
Aber sobald dieß Volk im Tode die Erde bedeckte,
Wurden nach Zeus', des Allmächtigen, Rath sie alle zu Engeln,
Freundlichen, über der Erde, — zu Hütern sterblicher Menschen.
Darum achten sie jetzt auf Recht und schändliche Thaten,
Schweben umher im Nebelgewand durch alle Gefilde   125
Segnend; denn solch königlich Amt und Ehre belohnt sie. —
   Wiederum aber ein ander Geschlecht, um Vieles geringer,
Silbern, — schufen hernach die Bewohner im Haus des Olympos,
Weder am Wuchse dem goldenen gleich, noch durch die Gesinnung.
Hundert Jahr' ward jetzo das Kind bei würdiger Mutter   130
Zärtlich gepflegt und wuchs unmündig im eigenen Haus auf;
War es am Ende gereift und kam zur Blüthe des Alters,
Lebten sie dann nur wenige Zeit und hatten Betrübniß
Durch unsinnige That; sie konnten ja freveln Hochmuths
Nimmer sich unter einander enthalten; die Ewigen ehren   135
Mochten sie nicht, noch opfern auf heiligem Herde der Götter,
Wie sich's Menschen gebührte nach altem Brauche. So tilgte
Zeus, der Kronide, sie weg im Grimme, dieweil sie die Ehre
Doch nicht gaben den seligen Göttern in dem Olympos!
Als dieß andre Geschlecht nun wieder die Erde bedeckte,   140

V. 122. Engeln, gr. Dämonen, Mittelwesen zwischen Heroen und eigentlichen Göttern. Diese Vorstellung, von welcher Homer nichts weiß, scheint hier mehr
aus einer orientalischen Quelle zu fließen.
   V. 126. Segnend, wie bei den Etruskern die Laren und Penaten.

Werden sie sterbliche Götter im untern Reiche genennet,
Zweite von Art; doch folgt auch selbigen Ehre noch immer.
   Jetzt ein anderes, drittes Geschlecht vielstimmiger Menschen
Machte von Erz Allvater, in Allem dem silbernen ungleich,
Wild und schrecklich mit eschener Lanz' und welche des Ares   145
Traurige Werke betrieben und Unrecht; Früchte der Erde
Aßen sie nicht; die trugen von Demant harte Gemüther,
Unnahbar; entsetzliche Kraft und schreckliche Fäuste
Hingen herab von der Schulter auf mächtigem Gliedergebäude.
Dort war jegliche Waffe von Erz, — Erz jegliche Wohnung, —   150
Erz ihr Ackergeräth; noch gab's kein dunkeles Eisen.
Diese zuletzt, von der Stärke der eigenen Hände gebändigt,
Gingen hinab zu dem Moderpalast des schaurigen Hades
Ruhmlos, weil sie der dunkele Tod, so schrecklich sie waren,
Faßte; da schieden sie hin vom glänzenden Lichte der Sonne.   155
   Aber sobald auch dieses Geschlecht zum Grabe gesunken,
Schuf noch ein anderes, viertes, auf vielernährendem Erdreich
Zeus, der Kronid', und dieß war rechtlicher, edleren Herzens,
War der Heroen göttlicher Stamm. Die wurden in alter
Zeit wohl auch Halbgötter genannt auf unendlicher Erde.   160
Aber sie tilgte der traurige Krieg und die blutige Feldschlacht
Im Kadmeischen Land, beim siebenthorigen Thebä; —
Allda starben sie hin beim Kämpfen um Oedipus' Heerden; —
Oder er hatte sie erst durch mächtige Tiefe des Meeres
Fern gen Troja geführt, schönlockiger Helena wegen;   165
Dort nun war's, wo Alle das Ende des Todes umhüllte.
Diesen gewährte, getrennt von den Menschen, Leben und Wohnsitz

---

   V. 146. Früchte der Erde genügten ihnen nicht mehr, weßhalb sie den Genuß von Fleisch einführten.

   V. 153. Gingen hinab, sie gingen in der Deukalionischen Fluth unter; Pyrrha, Deukalions Gattin, war eine Tochter des Epimetheus und der Pandora. Von jenen Menschen stammten die ungeheuren Knochen, welche man später in Griechenland gefunden haben soll.

   V. 163. Heerden bildeten den Hauptreichthum der Könige, die selbst nur „Hirten der Völker" waren.

   V. 164. er, nämlich: der Krieg.

Zeus, der Kronide, der Vater; sie wohnten am Rande der Erde,
Fern den Unsterblichen auch; und Kronos wurde der König.
Und dort wohnen sie jetzo, von Sorge befreiet im Herzen,   170
An des Okeanos wirbelnder Fluth auf der Seligen Inseln, —
Glücklich Heroengeschlecht, dem Früchte, so süß, wie der Honig,
Dreimal reifet im Jahre die Nahrungspenderin Erde!
   Drauf — o müßte ich nicht im fünften Geschlechte daheim sein,
Stürbe zuvor schon, oder — ich würd' erst später geboren!   175
Denn jetzt ist es ein eisernes Volk; und nimmer am Tage
Ruh'n sie von Arbeitslast und Leid, ja selber die Nacht nie, —
Sündiges Volk! Dem senden die Götter beschwerliche Sorgen;
[Dennoch wird auch ihnen zum Unheil Freude gemengt sein.
Einst tilgt Zeus auch dieses Geschlecht viellautiger Menschen,   180
Wann sie bei ihrer Geburt schon gräuliche Schläfe bekommen.]
Nicht ist der Vater dem Kind, noch das Kind dem Vater gewogen,
Oder dem Wirthe der Gast, auch nicht der Gehilf' dem Gehilfen;
Selbst ein Bruder — er ist nicht lieb mehr, wie er es einst war!
Bald entehren sie noch die bejahrten, ergraueten Eltern,   185
Schmäh'n auf sie und schwatzen heraus unfreundliche Worte, —
Frevler, der göttlichen Rach' Unkundige! Diese bezahlen
Greisenden Eltern nimmer den Dank für Pflege der Kindheit;
Faust ist Recht; so verheeret die Stadt auch Einer dem Andern.
Redliche Treue dem Eide belohnt sich nimmer, — gerecht sein,   190
Gutsein nimmer; o nein, wer Sünde verübte, des Unrechts
That wird Ehre gezollt; kein Recht in den Händen, noch Ehrtrieb
Gibt's dann noch; da betrügt ein Schurke den edleren Menschen,
Spricht durch krumme, betrügliche Wort' und schwöret den Eid noch.
Scheelsucht folget den Menschen, den unglückseligen, allen —   195
Widriger Stimm', am Schaden erfreut, mit schrecklichem Antlitz.
Jetzt zu dem hohen Olymp von der weitgebreiteten Erde,

V. 169. Kronos wurde der König. Dieß widerspricht der Theogonie
V. 851, wo Kronos in den Tartaros geworfen wird.
   V. 170. wohnen sie, z. B. Achilleus, Diomedes, Menelaos; die Späteren
fügten sogar den Harmodios hinzu.
   V. 181. Sinn unklar, nach Einigen s. v. a.: „niemals". Vielleicht liegt hier
auch irgend ein alter Orakelspruch zu Grunde.

Beide den herrlichen Leib in weiße Gewande verhüllet,
Gehen hinauf zu der Ewigen Thor und laſſen die Menſchen
Scham und heilige Zucht. Was bleibt, iſt trauriges Elend 200
Sterblichem Erdengeſchlecht — und nirgends Hilfe des Unheils!

[Jetzo erzähl' ich ein Mährchen den Fürſten, die ſelber es einſehn!]
Zur bunthalſigen Nachtigall einſt ſprach alſo der Habicht,
Wie er im hohen Gewölk ſie gepackt mit der Kralle dahertrug.
Jämmerlich, weil ſie ſo arg von gebogener Kralle zerhackt war, 205
Klagete ſie; da begann nun jener in herrlicher Weiſe:
„Thörin, was ſchreiſt du? Dich hält ja ein weitaus Stärk'rer
gefangen!
Jetzo gehſt du, wohin du geführt wirſt, trotz dem Geſange!
Wenn mir's alſo beliebt: — ich freſſe dich, oder entlaſſ' dich.
[Sinnlos, wem da beliebt, mit ſtärkerem Feinde zu kämpfen; 210
Niemals ſieget er ob und trägt zur Schande das Unglück.]
Alſo ſprach der behende, der flügelbreitende Habicht.

Du, mein Perſes, o höre das Recht und meide den Hochmuth;
Hochmuth iſt beim Niederen ſchlimm; auch ſelber der Hohe
Kann nicht leicht ihn tragen; er iſt ihm zur Bürde geworden, 215
Wenn er in Unglück ſtürzte. Der andere Weg iſt beſſer,
Hin zum Rechte zu gehn; Recht hält ſich über dem Hochmuth,
Wenn's zu dem Ende gelangt; auch Thoren begreifen im Elend.

Schnelle verfolgt zur Rache der Eidſchwur ſchiefe Gerichte;
Dorthin ſtrömet das Recht mit Gewalt, wo ſpendengefräß'ge 220

V. 202. Fürſten. Das „Mährchen“ gilt wieder den ungerechten Richtern und
Erbſchlichtern von Aſkra.
V. 203. Nachtigall. Darunter verſteht der Dichter ſich ſelbſt. „Bunt-
halſig“ iſt ſie, weil die Farbe ihrer Federn am Halſe zu verſchiedenen Jahreszeiten
wechſelt.
V. 219. Der Eidſchwur, als Gott gedacht, der die Meineidigen ſtraft.
V. 220. Sinn: das Recht muß ſich in der ſchändlichſten Weiſe verdrehen
laſſen.

Männer es hinziehn, welche da schief entscheiden im Urtheil.
Weinend wandelt das Recht durch Städt' und menschliche Lande
Jetzt, in Dunkel gehüllt, und bringet den Menschen das Unheil,
Die es verjagen und nicht nach richtiger Weise vertheilten.
Welche dagegen dem Fremden das Recht und Heimischen geben   225
Schlicht und grad' und nie vom Pfad des Gesetzlichen abgehn:
Denen gedeihet die Stadt und blühen die Leute darinnen;
Fried' im Lande — der nähret die Jugend; ihnen erreget
Nimmer der weltbinblickende Zeus Drangsale des Krieges,
Wie zu gerad' Urtheilenden auch nie Hunger herankommt,   230
Oder ein Fluch; sie thun nur Dinge, die Feste bereiten;
Ihnen erzeuget die Erde genug Brod; Eichen am Berge
Tragen am oberen Ende die Eicheln, mitten die Bienen;
Dort sind auch viel wollige Schafe, beschwert vom Vließe.
Und es gebären die Frauen den Vätern ähnliche Kinder;   235
Und sie erblühen im Glück stets fort, und Schiffe besteigt man
Nimmer zur Fahrt, und Früchte gedeihn im sprossenden Erdreich.
Doch wo leidiger Hochmuth herrscht und frevele Thaten,
Da schafft Kronos' Sprosse, der weithinschauende Zeus, Recht.
Oftmals muß ja die sämmtliche Stadt den Schurken genießen,   240
Welcher Verbrechen begeht und schändliche Werke verübet.
Ihnen vom Himmel herab führt mächtiges Uebel heran Zeus,
Pest und Pein vom Hunger zumal; hinschwinden die Völker.
Und so gebären die Fraun nicht mehr, so verblühen die Häuser
Nach des olympischen Zeus Rathschlüssen. Ein anderes Mal auch 245
Tilget er ihr weitreichendes Heer, und jetzo die Mauer,
Oder es züchtiget ihnen Kronion im Meere die Schiffe.
O ihr Könige, denkt, ja bedenkt auch selber im Innern
Dieses Gericht! Denn nah und mitten im Kreise der Menschen
Sind die Unsterblichen, achten darauf, wer krumme Gericht' übt, 250
Und wie sie plagen einander, die göttliche Rache verachtend.
Drei Myriaden ja gibt's auf reichlichernährender Erde
Ewige Diener des Zeus und Wächter der sterblichen Menschen,

V. 249. Dieses Gericht, d. h. bedenkt, wie ungerecht ihr seid!
V. 252. Drei Myriaden, f. v. a. unzählige.
V. 253. Wächter, vgl. oben V. 122.

Welche die Thaten des Rechts und schmähliche Werke beachten,
Dunkelumhüllt allwärts hinwandelnd über die Erde.   255
Und die Gerechtigkeit ist Zeus' rein jungfräuliche Tochter,
Heilig und hoch in Ehren den Göttern auf dem Olympos.
Wenn sie Einer verletzt, durch bösliche Ränke beschimpfend,
Alsbald setzt sie darauf zum Vater sich, — Zeus, dem Kroniden, —
Klaget der Menschheit frevle Gesinnung; und so bezahlt dann   260
Endlich das Volk der Gewaltigen Schuld, die traurigen Unsinns
Anderswohin abbeugen das Recht durch fälschliche Sprüche.
Meldet, o Könige, dieß, — macht euere Worte gerade,
Spendengefräßige! Ganz müßt ihr Trugsprüche vergessen!
Böses bereitet sich selbst, wer Anderen Böses bereitet,   265
Schlimmes zu rathen, — es ist ja dem Rathenden immer am
                                          schlimmsten!

——————

Alles erblickt Zeus' Aug' und jegliche Dinge gewahrt es,
Und auch dieß nach Gefallen erblicket er ohne Verhüllung,
Was nunmehr für Rechte die Stadt umschließet im Innern.
Jetzo möcht' auf Erden ich selbst schier nimmer gerecht sein,   270
Noch mein Sohn; denn wehe dem Mann, der jetzo gerecht ist,
Weil ja größeres Recht nur zukommt größerem Unrecht!
Aber ich hoffe: der Donnerer wird's nicht also vollenden.

— — —

Perses, ach, dieß lege du wohl dir nieder im Herzen;
Höre du stets auf's Recht und denke du nie an Gewaltthat.   275
Solches Gebot ja setzte der hohe Kronide den Menschen:
Daß zwar Fische des Meers, Raubthiere, beflügelte Vögel
Fressen, der eine den anderen, auf; sie kennen das Recht nicht;
Menschen dagegen verlieh er Gerechtigkeit, welche das höchste
Gut ist.   Denn wann Einer das Recht zu verkünden gewillt ist,   280
Wie er's kennt, den segnet der weithindonnernde Gott Zeus.
Welcher jedoch falsch Zeugniß gibt beim Schwure mit Absicht,
Lügt und schändet das Recht voll unheilbarer Bethörung:

Deſſen Geſchlecht bleibt dunkler in ewige Zeiten gelaſſen;
Wer wahrhaftiglich ſchwört, deß Stamm bleibt ewig in Ehren. 285

Ich will redlich geſinnt dir ſagen, o thörichter Perſes:
Siehe, das Böſe — man kann es ſich haufenweiſe gewinnen
Ohne Bemühn; glatt iſt ſein Pfad, nah ſeine Behauſung.
Doch vor die Tugend ſetzten den Schweiß die unſterblichen Götter;
Lang und jähe zu dieſer erhebt ſich der ſchmale Gebirgspfad,   290
Und auch rauh anfänglich; doch biſt du zur Höhe gelanget,
Wird ſie gewiß dann leicht, wie ſehr ſie beſchwerlicher Art war.

Das iſt in Allem der Beſte, der ſelber ſich Alles erwäget,
Sinnend, was auch ſpäter und einſt noch am Ende Gewinn bringt;
Brav iſt dann auch Jener, der nützlichem Rathe gehorchet;   295
Doch wer ſelbſt nicht denket und auch auf Andere nicht hört,
Daß er es innen erwägt, der iſt untauglich in Allem.

Auf denn, Bruder! Erinnere ſtets dich an unſere Mahnung;
Arbeit', Perſeus, wackeren Manns Sohn, daß dich der Hunger
Haſſe, dagegen dich liebe die freundlich bekränzte Demeter,   300
Sie, die Erhab'ne, — und daß ſie dir fülle mit Ernte die Scheuer.]
Hunger in allweg iſt ja des Arbeitſcheuen Gefährte,
Und dem zürnen die Götter und Menſchen, der ohne die Arbeit
Hinlebt, Drohnen an Art und Sinn, faullenzigen, ähnlich,
Welche der Bienen errungene Speiſ' auffreſſen in arger   305
Arbeitsſcheu; du ſchaffe mit Luſt an mäßiger Arbeit,
Daß mit gezeitigter Frucht ſtets deine Behälter gefüllt ſind!
Arbeit macht ja den Menſchen an Heerden und allem Beſitz reich;
Arbeit machet dich auch viel werther den ewigen Göttern,
[Wie auch ſterblichen Menſchen; ſie haſſen die Faulen mit Abſcheu.] 310
Arbeit iſt nicht Schande, die Faulheit bringet die Schande.
Wenn du der Arbeit dienſt, dann neidet der Faule dich alsbald,
Weil du ſo reich; und die Tugend folgt und Ehre dem Reichthum.

Kundigem Manne, sowie du's warst, — dem frommet die Arbeit,
Wenn du von fremdem Besitze die unverständige Seele   315
Frisch zum Werke gewandt, für's Brod sorgst, meinem Gebot treu.
Scham ist falsch, wenn diese den dürftigen Menschen geleitet,
Scham, die mächtigen Schaden sowohl, als Hilfe daherführt.
Scham wohnt Armuth bei, doch fröhliche Seele dem Reichthum;
Nicht das gestohlene Gut, — was der Himmel gegeben, gedeihet. 320
Wer mit der Hände Gewalt selbst mächtiges Gut sich errungen,
Oder es auch mit der Zunge geraubt, wie Solcherlei oftmals
Leider geschieht, wenn Einem das Herz durch schnöde Gewinnsucht
Wurde getäuscht und nun auf Scham schamlose Gesinnung
Folgt: — den stürzen die Götter so leicht; dem sinket das
                          Haus hin,   325
Ja dem folgt nur spärliche Zeit sein glücklicher Reichthum!

Gleich ist's, wenn man Flehende wie Fremdlinge mißhandelt,
Oder dem leiblichen Bruder die Lagerstätte besteiget,
Dort als heimlicher Buhle der Frau Unziemliches übend, —
Wenn man ohne Bedacht sich an Anderer Waisen versündigt 330
Und den ergraueten Vater an trauriger Schwelle des Alters
Ausschilt und auf ihn mit empfindlicher Rede daherfährt;
Ja, da zürnet der ewige Zeus auch selber; am Ende
Schickt' er den Unrechtsthaten noch allzeit schwere Vergeltung.
Aber du wende davon vollkommen die thörichte Seele,   835
Und nach Kräften verrichte das Opfer den ewigen Göttern
Keusch und rein, und verbrenne dabei recht herrliche Lenden;
Mache sie dir auch sonst noch gnädig mit Spenden und Räuchwerk,
Wann du zur Ruhe dich legst, wann frühe das heilige Licht kommt:
Daß sie für dich ein gnädiges Herz und Seele behalten,   340
Und du Anderer Erb' ankaufst, nicht Andere deines!

Wer dich liebt, den lade zum Mahl; Feindselige lasse!
Doch den lade zumeist, der nah wohnt deiner Behausung.
Denn, wann wider Verhoffen dir Etwas im Dorfe begegnet,

Gurtlos eilet der Nachbar; die Vetter begürten sich erst noch!   345
Fluch ist der bösliche Nachbar, ein herrlicher Segen der gute;
Wer treu redliche Nachbarn hat, der hat Ehre mit ihnen.
Nimmer verdirbt ein Ochse, sofern kein Schurke der Nachbar.
Laß gut messen vom Nachbar, und gib's ihm reichlich gemessen
Heim im selbigen Maß, ja, besser noch, wenn du es thun kannst,   350
Daß du in Zeiten der Noth auch später das Nöthige findest.
Mach' nicht bösen Gewinn; denn böser Gewinn gleicht Schaden.
Wer dich liebt, den liebe du auch, und Besucher besuche,
Gib, wenn Einer dir gab; Nichts gib, wenn Selbiger nichts gab;
Gebern gibt man gerne, dem Weigerer weigert man wieder.   355
Geben ist gut, doch Rauben ist schlimm, ein Bringer des Todes.
Denn wer williglich gibt, der gibt auch reiche Geschenke,
Freuet der Gabe sich selbst und wird gar fröhlich im Herzen.
Doch wer selbst nur nimmt in trotziger Unverschämtheit,
Wenn's auch Weniges ist, — doch macht's ihm inneren Unmuth. 360

Wenn du vielleicht auch nur ganz Kleines dem Kleinen hinzufügst,
Aber du thust dieß oft, — bald wird auch selbiges groß sein.

Wer das Vorhandene mehrt, der meidet den düsteren Hunger;
Was man im Haus aufspart, kann Niemand Sorge bereiten.

Frauen, daheim ist's besser; es ruht vor dem Hause das Unheil. 365

Gut ist's wohl, zu genießen Vorhandenes; — Jammer im Herzen,
Nirgend Vorhandnes begehren; ich heiße dich dieses bedenken.

V. 346—349 sind einzelne Sprüchwörter. Unter dem „Ochsen" (V. 348) verstanden einige Ausleger merkwürdigerweise die „Frau"; es ist überhaupt vom Besitze geredet.

Trink' vom beginnenden Faß und endenden, bis du genug haſt;
Mitten geſpart! Denn jämmerlich iſt am Boden das Sparen.

Einem befreundeten Manne genüge bedungene Löhnung.   370

Lacheſt du auch mit dem Bruder, ſo laß doch Zeugen dabei ſein.

Zutraun ebenſogut, als Mißtraun, bringet Verderben.

Laß dir das Herz kein Weib mit bauſchiger Hüfte bethören,
Die mit ſchmeichelndem Koſen in deine Gemächer hineindringt;
Und wer dem Weibe vertraut, der trauet dem Diebesgeſindel.   375

Sei es ein einzig geborener Sohn, zu bewahren des Vaters
Haus; denn alſo wächst im prächtigen Hauſe der Reichthum.
Stirbſt du betagt, dann bleibe zurück ein anderer Sohn noch;
Leicht gibt Mehreren auch Zeus unausſprechlichen Segen.
Mehrere mehren die Sorge, doch iſt auch größer der Zuwachs.   380

[Sehnet nach Reichthum ſich dein Herz in dem eigenen Buſen,
Alſo thue ſodann und ſchaffe du Werk' auf Werke.]

V. 368. Sinn: bei großer Wohlhabenheit kann und darf man wohl etwas
koſtſpieliger und üppiger leben; wenn aber das Vermögen merklich abzunehmen beginnt,
dann iſt eine gewiſſe Einſchränkung geboten, damit es nicht auf Nichts herunterſinkt,
in welchem Falle freilich jede weitere Sparſamkeit überflüſſig iſt, weil ſie zu ſpät
kommt.

V. 370. Ein uralter Vers, den Ariſtoteles dem Großvater des Theſeus, Pittheus,
zuſchreibt.

V. 371. Eine traurige Lehre des Mißtrauens, die aus Heſiods unangenehmen
Lebenserfahrungen zu erklären iſt.

V. 373. mit bauſchiger Hüfte. Das griechiſche Wort bezeichnet eigentlich:
„den Steiß ſchmückend“.

V. 376 ꝛc. Vielleicht aus alt-böotiſchen Geſetzen des Philolaos.

V. 377. Eine antike Empfehlung des ſogenannten Majorats.

Wenn das Gestirn der Plejaden, der Atlastöchter, heraufsteigt,
Fange die Ernt' an; aber die Saat dann, wann sie hinabgehn.
Sie sind vierzig Nächt' und vierzig Tage zusammen   385
Nimmer gesehn; dann wieder im rollenden Laufe des Jahres
Treten sie vor zum Lichte, sobald man schärfet das Eisen.
Dieses Gesetz gilt stets im Feldbau, ob man am Meere
Nahe die Wohnung hat, ob tief im schluchtigen Thalgrund
Ferne vom Wellengewoge der See auf fettem Gefilde   390
Wohnt: — nackt säe man aus und nackt auch pflüge man immer,
Nackt auch schneide man ein, wenn man zu gehöriger Zeit will
Sämmtliche Werke Demeters besorgen, damit zu der rechten
Zeit dir Alles gedeiht und nicht inzwischen in Noth du
Betteln gehest vor Anderer Häusern, ohne Gewährung,   395
Wie du zu mir jetzt kamst; allein — ich gebe dir nichts mehr,
Messe dir nichts mehr ein; arbeite, du thörichter Perses,
Arbeit, welche die Götter dem Menschenvolke bestimmten,
Daß du mit Weib und Kind nicht schmerzlich bekümmert im Herzen
Brod bei den Nachbarn suchst, und diese dich gänzlich versäumen. 400
Zwei- und dreimal erhältst du's wohl; doch wenn du sie fortquälst,
Richtest du nichts mehr aus und schwatzest vergebliche Worte,
Unnütz bleibt dein sämmtlicher Wortschwall; aber ich rath' dir,
Denke du nach und tilge die Schuld und wehre dem Hunger!
    Haus für's Erste! sodann noch ein Weib und ein ackernder
                              Pflugstier!   405
[Jene gekauft, nicht Frau! — die auch mit den Stieren dahin-
                              geht! —]
Auch die Geräth' im Hause verschaffe dir sämmtliche passend,
Daß du nicht Andere bittest, sie weigern und dir's dann fehle,

---

V. 381—382. Spätere Verse, die eine Art von Uebergang zu dem nun folgenden zweiten Haupttheil des Gedichtes bilden sollten, welcher vom Ackerbau handelt.
    V. 383. Plejaden, eigentlich: Sternbild der Tauben, welche der Jäger
Orion verfolgt.
    V. 384. Die ältesten Griechen kannten eigentlich nur zwei Jahreszeiten, Som-
meranfang und Winteranfang (Erntezeit und Saatzeit).
    V. 391. nackt. Man pflüge, wenn die Wärme so groß ist, daß man gerne
das Kleid ablegt.

Aber die Zeit hinstreich' und dir sich mindre die Arbeit.
Auch nichts schiebet hinaus auf morgen und übermorgen; 410
Denn kein müssiggehender Mann füllt seine Behälter,
Kein aufschiebender Mann; nur Fleiß mehrt jegliche Arbeit.
Wer die Geschäfte vertagt, der ringet mit Ungemach immer.

Wenn nunmehr die Gewalt des versengenden Helios abläßt
Von schweißtreibender Hitz' und spät im Herbste der Regen 415
Kommt vom gewaltigen Zeus und wendet der menschliche Leib sich
Weitaus leichter umher: — (dann gehet des Sirius Helle
Weniger über dem Haupt der dem Tode verfallenen Menschen
Während des Tages dahin; mehr nächtlicher Ruhe genießt er;
Dann erst wurde vom Wurme die eisengehauene Waldung 420
Frei und schüttet die Blätter hinab und endet zu treiben,
Alsdann fälle das Holz und denke der zeitigen Arbeit!
Haue den Mörser zu drei Fuß Läng', — drei Ellen die Keule,
Siebenfüßig die Axe; so wird es gerade bequem sein;
Nimmst du sie acht Fuß lang, dann kannst du den Schlegel herab-
                                        haun. 425
Hau' dreispannige Felge dem Rade von zehn Handbreiten,
Auch viel Krummholz noch; das bringe du nur, so du findest,
Helm, ob's auf dem Gebirge gesucht ward, oder im Thale, —
Steineichholz; dieß ist für Stiere zum Pflügen am stärksten,
Wenn's der Athene Knecht am Scharbaum wacker befestigt, 430
Nägeln nahegebracht und dann zur Deichsel gefügt hat.
Doch zwei Pflüge bewahre gefertiget in der Behausung,
Einfach einen, den andern gefügt; 's ist nützlicher also;
Wenn du den einen zerbrichst, dann spannst du die Stiere zum
                                        andern.
Lorbeer oder die Ulme gewährt die gediegenste Deichsel; 435
Eiche — den Scharbaum; — Krümmel die Steineich'; männliche
                                        Stiere

V. 430. Der Athene Knecht ist der Schmied; denn Athene wurde in Böotien, wie späterhin zu Athen, hauptsächlich auch als „die Arbeiterin" verehrt.

V. 433. einfach, d. h. nicht aus verschiedenen Theilen zusammengesetzt war
die eine Art von Pflügen, die Hesiod nicht näher beschreibt, wie die zweite.

Hesiod.   6

Schaffe dir an, neunjährige; die sind mächtig an Kräften,
[Wuchsen sie völlig heran; traun, die arbeiten am besten.]
Niemals kommen die beiden in Streit in der Furche, so daß sie
Brechen den Pflug und lassen die Arbeit ohne Vollendung.　440
Und ein vierzigjähriger Mann — der gehe mit ihnen,
Wenn er zuvor acht Bissen vierschnittigen Brodes gegessen,
Sorg' um die Arbeit hat und grade die Furche dahinzieht,
Nach Kameraden umher nicht sieht und bei dem Geschäfte
Seine Gedanken behält; kein Anderer, Jüngerer, taugt mehr,　445
Samen im Felde zu streun und Nachsaat wohl zu vermeiden;
Denn ein Jüngerer gafft unruhig nach seinen Gesellen.
　Denke du klüglich, sobald du des Kraniches Stimme gehört hast,
Wenn er herab von dem hohen Gewölk' sein jährliches Lied singt;
Er gibt dir zum Säen das Zeichen, — den regnichten Winter　450
Zeiget er an, und beißet in's Herz dem, welchem der Stall fehlt.
Dann, dann füttere du krummhörnige Stiere zu Hause;
Denn leicht sagt man es freilich: „o leihe mir Stier' und Wagen!"
Leicht auch schlägt man es ab: „jetzt haben die Stiere zu schaffen!"
Redet ein eingebildeter Mensch: „er füge den Wagen!" —　455
Thor, — er versteht's nicht! Braucht man ja hundert Hölzer am
　　　　　　　　Wagen;
Denke zuerst an diese, damit du zu Hause sie aufhebst!
　Aber sobald zum Pflügen die Zeit sich den Menschen eröffnet,
Ja, dann eile behende der Herr und die Knechte zumalen:
Trocken und feucht — dann pflüge das Land zur Stunde des
　　　　　　　　Pflügens　460
Emsig am frühesten Tag, daß deine Gefilde sich füllen!
Brechen im Lenz und im Sommer erneun, — dieß trüget dich nie-
　　　　　　　　mals.
Neubruch aber besäe; denn leicht ist dann noch der Boden.
Neubruch bannet den Fluch und bringt zum Schweigen die Kinder.

V. 442. vierschnittiges Brod. Das Brod der Landleute hatte Einschnitte,
um es bei dem Vertheilen an das Gesinde bequem und schnell in gleiche Stücke zerbrechen zu können.

V. 448. Des Kranichs Stimme war ein Zeichen des annahenden Winters.

Flehe du auch zu dem unteren Zeus, zu der keuschen Demeter, 465
Daß recht völlig dir wäge Demeters heilige Garbe,
Wann du beginnest zu sä'n und wann du, das Ende der Sterze
Fest in der Hand, mit dem Stachel den Rücken der Stiere berührest,
Wenn sie den Pflock an der Deichsel dir ziehn. Dein kleinerer Sklave
Hinten, die Hacke zur Hand, soll Mühe bereiten den Vögeln, 470
Wenn er den Samen verbirgt. Denn Ordnung ist ja das Beste
Unter den sterblichen Menschen, das Schlimmste der Mangel an
                                              Ordnung.
Also werden in Fülle die Aehren sich neigen zu Boden,
Wenn ein günstiges Ende zuletzt der Olympier selbst gibt.
Aus den Gefässen vertreibe die Spinnengeweb' und ich hoffe, 475
Daß du dich freust, von den Früchten zu nehmen, welche darin sind.
Reichlich gesegnet gelangst du zum schimmernden Lenze; nach Andern
Schauest du nicht; dich braucht ein anderer Mensch in der Nothdurft.

Wenn du zur Sonnenwende bepflügest das göttliche Erdreich,
Sitzend erntest du dann, nur wenig mit Händen umfassend, 480
Bindest es ungleich ein, wirfst staubig, erfreuest dich gar nicht,
Trägst es im Korbe davon und Wenige werden dich anschaun.
Freilich, der Donnerer Zeus hat ein andermal andre Gesinnung,
Und schwer ist es den Menschen, den sterblichen, solche zu kennen!
Wenn du vielleicht spät pflügst, ist dieß ein treffliches Mittel: 485
Fänget der Kukuk an, zu kukuken im Laube der Eiche,
Anfangs gleich, und erfreut auf unendlicher Erde die Menschen:
Regne sodann auch Zeus maßlos an dem dritten der Tag

B. 464. Sinn: ein neu umgebrochenes Feld trägt so reichlich, daß der Fluch des
Mangels entfernt bleibt und die Kinder nicht in den Fall kommen, vor Hunger zu
weinen. Andere erklären: „Neubruch kann nicht durch boshafte Menschen zur Unfruchtbarkeit gleichsam verhext werden, und Kinder, welche man drauf legt, hören auf zu
schreien und werden von allem Bösen befreit, wie sie dagegen großen Schaden nehmen,
wenn man sie z. B. auf ein Grab hinlegt.“

B. 475. Sinn: du wirst ein vermöglicher Mann werden; denn nur der Arme
hat Spinnengewebe in seinen Gefässen.

B. 480. Sitzend, wegen des niederen Standes der Aehren.

Daß es die Hufe des Stiers nicht deckt, noch drunter zurückbleibt;
Also geschieht, daß der spätere Säer den ersten noch einholt.   490
Wahre du Sämmtliches wohl im Geist und merke bedächtig,
Wann der erfreuliche Lenz sich naht, wann zeitiger Regen.
Geh' an der Esse des Schmiedes vorbei, dem gefüllten Gemeinsaal
Winterszeit, wann grimmige Kälte die Menschen von Arbeit
Abhält, weil ein thätiger Mann jetzt mehret die Wirthschaft,   495
Daß dich im traurigen Winter die Trägheit nimmer ergreife
Sammt Armuth, und mit magerer Hand du den schwülstigen Fuß
                                                        drückst!
Oft hat der Arbeitslose, erwartend nichtige Hoffnung,
Weil er des Brodes bedurfte, zum Bösen die Seele beredet.
Freundliche Hoffnung kann nicht dürftige Männer getrösten,   500
Die im Gemeinhaus sitzen, dieweil nicht reichte die Nahrung.
Weise die Knechte doch an und wär's noch mitten im Sommer:
„Ewiglich währet der Sommer ja nicht; drum machet die Hütten!"
Doch den lenäischen Mond, — gar traurige Tage, den Rindern
Alle zum Unheil! — meid' und Eis, das über dem Boden   505
Vom Sturmwinde des Boreas sich zum Schaden gebildet,
Der durch Thrakia's Weiden hinein in's unendliche Weltmeer
Braust und wühlet es auf; dann dröhnet die Erde, der Wald dröhnt;
Viel' hochlaubige Eichen und viel' breitastige Fichten
In der Gebirgsschlucht stürzt er hinab zum nährenden Erdreich,   510

V. 489. Sinn: „es möge soviel regnen, daß die Vertiefung, welche von der
Hufe eines Stiers gemacht wurde, von dem Wasser gerade ausgefüllt werde, — nicht
mehr und nicht weniger."

V. 493. In der Werkstätte eines Schmieds pflegten häufig die Bettler zu
schlafen.

Gemeinsaal, eine „Lesche" war ein öffentliches Gebäude, wo man sich zum
Plaudern versammelte.

V. 497. schwülstigen Fuß, vom Hunger sollen die oberen Extremitäten
abmagern und die unteren anschwellen.

V. 504. lenäische Mond, d. h. Keltermonat, oder Monat des „Kelterfestes"
entspricht theilweise unserem Dezember nebst Januar; übrigens ist dies ein ionisches,
nicht ein böotisches Wort, woraus, wie aus anderen Gründen, folgt, daß dieser ganze
Abschnitt (V. 503—560) nicht dem Hesiod angehört.

Wenn er darauffällt; rings schreit laut der gewaltige Waldforst.
Und die Gethiere — sie beben und legen die Schwänze nach unten,
Haben sie auch mit Wolle die Felle beschattet; jedoch auch
Sie durchwehet er kalt, so bedeckt durch Haare die Brust ist.
Selber dem Stier durchdringt er die Haut; ihm wehret sie
                        nimmer.   515
Auch langhaarige Gais durchwehet er; Schafe dagegen,
Die mit der Jahreswolle bedeckt sind, wehet er nicht durch, —
Er, der gewaltige Nord; er macht selbst Greise geläufig.
Jungfraun auch mit der zärtlichen Haut durchbläset er niemals,
Wenn sie im Hause darin bei der liebenden Mutter geblieben, 520
Noch nicht kennend die Werk' Aphrodite's, der goldenen Göttin.
Hat sie gebadet den züchtigen Leib und fett mit dem Oele
Dann sich gesalbt, — Nachts legt sie darauf sich innen im Hause
Winterszeit, wann sich der Polyp an dem eigenen Fuß nagt,
Im glutmangelnden Haus und wehmuthdüsterer Wohnung.   525
Ihm hat nie ja die Sonne gezeigt, zur Weide zu eilen,
Nein, zu der dunkelen Menschen Gebiet und Städten bewegt sie
Sich im Kreis; dann später erscheint sie dem sämmtlichen Hellas.
Alle Bewohner des Walds, hornlose sowohl, wie gehörnte,
Haben da wenig zu mahlen; hinein zum schluchtigen Eichwald 530
Fliehn sie, dieweil jetzt Allen das Einzige lieget am Herzen,
Welche sich Schutz aufsuchen und dichte Verstecke besitzen
Und ein felsiges Loch. Dann läuft's, wie der Greis am Stecken,
Welchem der Rücken gebrochen, das Haupt zum Boden hinabsieht:
Dem gleich gehn sie dahin und meiden den blendenden Schnee=
                    glanz.   535
Jetzo bekleide dich wohl zum Schirme des Leibes, — ich rath' dir's, —

V. 524. Eine naturgeschichtliche Behauptung, die sehr alt ist, aber schon von Plinius bestritten wurde.

V. 527. Anspielung auf Meroë und die Aethiopen.

V. 530. zu mahlen, d. h. zu essen.

V. 433. der Greis am Stecken, im Texte heißt es genau: „der sterbliche Dreifuß" mit Anspielung auf das bekannte Orakel der Sphinx, worin der Mensch im hohen Alter wegen des Stabes, dessen er sich bedient, als dreifüßig bezeichnet wird.

Mit weichwolligem Mantel und langabhängendem Leibrock.
Webe den gröberen Einschlag hinein in den dünneren Aufzug,
Und dieß ziehe du an, daß nicht dir beben die Haare,
Oder hinauf starr bleiben, empor am Leibe sich hebend. 540
Dann an die Füß' auch Sohlen des kräftig erschlagenen Stieres,
Taugliche, binde dir an, mit Filze gefüttert im Innern.
Auch von den Erstlingsböckchen, sobald nur der zeitige Frost kommt,
Nähe die Felle zusammen mit Stiersehn', über den Rücken
Dir es zu werfen zum Schutze des Regens; decke das Haupt auch 545
Dir mit gerundetem Hut, daß nicht naß werden die Ohren.
Eiskalt ist ja die Frühe des Tags, wenn Boreas herfällt;
Früh dehnt über die Erde vom sternebesäeten Himmel
Nebel sich aus, fruchttragender, auf der Beglückten Gefilde,
Welcher gemach sich erhebt aus ewigströmenden Flüssen, 550
Hoch dann über die Erde vom brausenden Winde gehoben
Regen am Abend sendet herab und ein anderes Mal dann
Sturm, wann Thrakischer Nord gar dichte Gewölke dahertreibt.
Eh' der kommt, nach geschehenem Werk, flink kehre nach Hause,
Daß nicht etwa vom Himmel das dunkle Gewölke dich einhüllt, 555
Triefend mache den Leib und durchein netze die Kleider.
Nein, das meide du wohl; dieß ist ja der Monate schlimmster,
Winterszeit, und schadet den Heerden, schadet den Menschen.
Alsdann werde die Hälfte dem Stiere, dem Manne darüber
Speise bestimmt; denn jetzt hilft wacker die Länge der Nächte. 560
[Wende Bedacht auf dieß und bis zu beendetem Jahre
Gleiche die Nächt' und Tage dir aus, bis wieder die Erde
Später, die Mutter von Allem, so mancherlei Früchte gebracht hat.]
  Hat nun sechzig Tage, nachdem sich die Sonne gewendet,
Winterstage, beendiget Zeus: dann lässet der helle 565
Stern Arkturos dahinter Okeanos' heilige Fluthen,
Scheinet zuerst voll Glanz und hebt sich am dämmernden Abend.
Nach ihm kommt früh klagend Pandions Tochter, die Schwalbe,

V. 549. Nebel erhebt sich, besonders aus den Flüssen, bildet Wolken, welche
Regen bringen, und so ist der Nebel ein „fruchttragender".
  V. 568. Prokne, Pandions Tochter und Tereus' Gattin wurde, wie Ovid in
den Metamorphosen ausführlicher erzählt, in eine Schwalbe verwandelt.

Wieder an's Licht für die Menschen, sobald sich der Frühling herannaht.
Aber vor ihr noch schneide die Reben; es ist so das Beste! 570
Wann nun die Schnecke vom Boden hinaufsteigt an den Gewächsen,
Vor den Plejaden sich flüchtend, so grabe man nimmer im Weinberg,
Sondern die Sichel geschärft, vom Schlafe die Knechte geweckt!
Fliehe die schattigen Sitz' und fliehe den Morgenschlummer
Jetzt zur Stunde der Ernte, wann Helios heiß auf den Leib
brennt! 575
Alsdann mußt du dich eilen und heimwärts bringen die Früchte,
Morgens früh dich erheben, damit dir reichliches Brod wird.
Morgenstunde besitzt vom Tagwerk immer ein Drittel,
Morgenstunde gewinnet am Weg, sie gewinnet an Arbeit, —
Morgenstunde, die, wenn sie erscheint, viel Menschen hinausführt 580
Auf den bevölkerten Weg, viel Stier' auch unter das Joch spannt.

Wann jetzt blühet die Distel, — die liederbegabte Cicade,
Sitzend im Laube der Bäume, das klingende Liedchen herabgleßt
Rastlos unter den Schwingen, zur Zeit des ermüdenden Sommers:
Dann ist die Gais am fettesten und am besten der Wein auch, 585
Während die Weiber am üppigsten und am schwächsten die Männer
Sind, weil ihnen das Haupt und die Kniee der Sirius ausdörrt,
Und ihr Leib von der Hitze verbrannt ist. Jetzo gerade
Braucht man schattige Felsen, sowie biblinischen Weintrank,
Milchbackwerk und Rahm von den nicht mehr melkenden Gaisen, 590
Fleisch von der waldlaubfressenden Kuh, die nimmer gekalbt hat,
Wie von den Erstlingsböckchen. Dazu trinkt feurigen Wein auch,
Tief in den Schatten gesetzt, und das Herz von Speise gesättigt,
Gegen des Zephyrs munteren Hauch die Gesichter gewendet,
Und den beständigen, sprudelnden Quell, der nimmer getrübt wird! 595
Dreimal schöpfe dann Wasser, ein Viertheil gieße des Weins zu.
Aber den Knechten gebiete, Demeters heilige Körner
Wacker zu dreschen, sobald sich erhob die Gewalt des Orion,

B. 572. Vor den Plejaden, und daher auch vor der Hitze in den Blättern
Schatten und Kühle suchend.
B. 589. biblinisch, von einem Flusse Biblos auf der Insel Naxos, die sich
durch Weinbau auszeichnete.
B. 598. die Gewalt des Orion statt: der gewaltige Orion.

Am frischwindigen Ort und auf der gerundeten Tenne;
Bring's dann wohl nach dem Maß in die Fässer. Jetzo, sobald du 600
Jeglichen Lebensbedarf zur Gnüge gesammelt im Hause,
Miethe den ledigen Knecht, auch suche die kinderlose
Hausmagd dir; schwer ist's mit der Hausmagd, welche gekalbt hat;
Auch mit spitzigem Zahne den Hund pfleg'; spare die Kost nicht;
Daß dir kein Tagschläfer einmal dein Gütchen hinwegnimmt!   605
Bring' auch Heu und Spreuer hinein, auf daß du genug hast
Auf ein Jahr für Stiere sowohl, als Mäuler.   Und jetzt erst
Lasse die Knie' ausruhen dem Knecht und löse die Rinder.
    Wann der Orion nun und Sirius mitten am Himmel
Stehn, den Arktur anblicket die rosenfingrige Eos,   610
Perses, schneid' und hol' jetzt sämmtliche Trauben nach Hause.
Zeige der Sonne sie dann zehn Tag' und Nächte; du legst sie
Dann fünf Tag' in den Schatten: zuletzt am sechsten — da bringst du
Bacchus, des fröhlichen, Gab' in die Fässer hinein. Doch wann jetzt
Sich Plejaden, Hyaden und auch die Gewalt des Orion   615
Neigen hinab, dann mußt du der Aussaat wieder gedenk sein;
Jetzt ist's Zeit. — So wäre das Jahr für den Boden geordnet!

    Wenn dich aber Gelüsten befällt zur gefährlichen Seefahrt, —
Wann der Plejaden Gestirne der schrecklichen Macht des Orion
Rasch entfliehn und sinken hinab zum dunkelen Meere,   620
Dann von so mancherlei Wind wild sausend toben die Stürme,
Ach, dann halte du nimmer die Schiff' im finsteren Pontus;

V. 599. gerundet, weil die Tenne einen Kreis bildete, damit die Ochsen, welche mit den Füßen das Getreide ausbrachen, leichter darin umhergehen konnten.

V. 605. Tagschläfer, s. v. a. Dieb.

V. 610. Dieß ist der 18te September.

V. 618. Hier beginnt ein weiterer Theil des Gedichts, der von der Schiffahrt handelt.

V. 620. entfliehn, die Sternbilder erschienen einem großen Theile der Griechen als eine Jagd, wobei der hellenische Nimrod, Orion, mit Sirius, seinem Hunde, den Bären, die Tauben (Plejaden) und andere Thiere verfolgt.

Schaffe du jetzo das Land und denke, was ich dir gebiete;
Aber das Schiff bleibt oben am Strand; dieß schirme mit Steinen
Rings, auf daß es der Winde Gewalt, naßhauchender, wehre; 625
Ziehe den Zapfen heraus, daß nicht Zeus' Regen es abfault.
Alles Geräth' — das lege geordnet in deine Behausung,
Wenn du die Fittige richtig am segelnden Schiffe gerefft hast;
Aber das Steuer, das tüchtige, hängst du nun oben im Rauch auf.
Warte die Zeit dann selbst zu der Fahrt ab, bis sie gekommen; 630
Dann zieh' wieder das eilige Schiff zum Meere; die Ladung,
Tüchtige, legst du hinein, auf daß du nach Hause Gewinn bringst,
Wie mein Vater und deiner, o du schwer thörichter Perses,
Oftmals fuhr in den Schiffen und strebte nach trefflicher Nahrung, —
Welcher auch hieher kam durch mächtige Pfade des Meeres 635
Und das äolische Kyme verließ im dunkelen Schiffe;
Nicht die beträchtliche Habe, noch Reichthum floh er und Wohlstand,
Sondern der Armuth Noth, die Zeus aufleget den Menschen.
Nahe dem Helikon baut' er sich an im ärmlichen Dörflein
Askra, des Winters schlecht, und drückend im Sommer und nie
                                                    gut! 640
    Darum du, mein Perses, gedenke bei jeglicher Arbeit
An die gehörige Zeit, bei der Schiffahrt aber am meisten.
Lobe das kleinere Schiff, in's größere lege die Ladung;
Größere Last, — dann wird auch größrer Gewinn zu Gewinne
Kommen, sofern nicht Winde das widrige Blasen erheben. 645
[Hast du vielleicht zum Handel die eitele Seele gewendet,
Willst du den Schulden dabei entfliehn und traurigem Hunger:
Nun, ich zeige die Maße des hochaufrauschenden Meers dir,
Bin ich in Seefahrt auch kein Kundiger, oder in Schiffen.

V. 624. Steine wurden theils als Ballast mitgenommen, theils ließ man sie
an Stricken in's Meer hinab, so daß sie die Stelle der Anker vertraten, theils brauchte
man sie, wenn das Schiff auf dem Lande stand, zum Unterlegen und Stützen.

V. 640. Askra hatte nach alten Nachrichten bei seiner Lage am Helikon im
Winter gar keine Sonne, während die Hitze im Sommer unerträglich war. Das un-
zufriedene Urtheil des Dichters rührt eben immer von dem verlorenen Prozesse her.

V. 646—662. Wahrscheinlich unächte Verse, wie noch manche andere.

Denn niemals im Schiffe befuhr ich die weiten Gewässer,   650
Außer einmal nach Euböa von Aulis, wo die Achajer
Blieben den Winter voreinst und sammelten viele der Völker
Aus dem geheiligten Hellas gen Troja voll herrlicher Frauen;
Dorthin bin ich einmal zu des weisen Amphidamas Festspiel
Ueber nach Chalkis gefahren; denn viele verkündete Preise   655
Hatten die Söhne gesetzt, großherzige; dorten — vernimm es! —
Trug ich, der Sieger im Liede, davon den gehenkelten Dreifuß,
Den ich den Musen sodann auf dem Helikon habe geweihet,
Wo mich jene zuerst zum klingenden Sange begeistert.
Soweit allein nur kenn' ich die tüchtig genagelten Schiffe;   660
Dennoch will ich verkünden des Aegiserschütterers Zeus Rath;
Denn mich lehrten die Musen, erhabene Lieder zu singen.]
   Fünfzig Tage, nachdem sich die Sonne gewendet am Himmel,
Bis sich der Sommer zum Ende geneigt, die ermüdende Jahrszeit,
Ist's für die Sterblichen Zeit zur Schiffahrt; weder ein Fahrzeug 665
Brichst du zusammen, noch geht ein Mensch im Meere zu Grunde,
Wenn nicht etwa mit Willen der Erderschüttrer Poseidon,
Oder auch Zeus ihn sucht, der Unsterblichen Fürst, zu verderben;
Denn bei diesen ja stehet das Ende der Guten und Bösen!
Dann sind reiner die Lüfte, die Meerfluth ohne Gefahren;   670
Ruhig vertraue du jetzo den Winden das hurtige Schifflein,
Zieh' es hinab in's Meer und ordne die sämmtliche Ladung,
Eile jedoch, auf's schnellste zurück nach Hause zu kehren;
Warte den künftigen Wein nicht ab, noch den herbstlichen Regen,
Oder den nahenden Winter und Notos' schreckliche Stürme,   675
Welcher die See aufregt, Zeus' Regengüsse begleitend,
Mächtige Ströme des Herbsts, und machet die Meere gefahrvoll.
   Auch noch andere Fahrt ist möglich im Lenze den Menschen;
Wann anjetzo zuerst, so weit mit dem Tritte die Krähe

V. 654. Amphidamas, König von Chalkis auf der Insel Euböa, fiel in
einem Kriege gegen die Bewohner von Eretria. Seine Söhne stifteten nun zu seinen
Ehren Festspiele, wobei auch poetische Wettkämpfe stattfanden.

V. 657. Eine alte, veränderte und jedenfalls falsche Lesart behauptet sogar, daß
bei dieser Gelegenheit Hesiod über Homer gesiegt habe.

Spuren gemacht, so weit sich die Blätter dem Menschen gezeiget 680
Oben am Feigenbaume, so kann man fahren im Meere.
Und dieß ist im Lenze die Fahrt; ich möchte sie zwar nicht
Loben, dieweil sie meinem Geschmack nicht eben genehm ist,
Schnelle geraubt; schwer fliehst du dem Leibe; die Sterblichen aber —
Freilich, sie thun auch dieses im Unverstande des Herzens; 685
Reichthum gilt für die Seele den unglückseligen Menschen!
Graunvoll ist es zu sterben im Wellengrabe; bedenken
Heiß' ich im Geiste darum dich sämmtliche meine Gebote.
Lege du nicht in's räumige Schiff die gesammte Besitzung;
Lasse das Meiste zurück; dann kannst du das Mindere laden. 690
Graunvoll ist's, im Gewoge der Meerfluth Schaden zu finden;
Graunvoll, wenn du dem Wagen zu mächtige Lasten hinauflegst,
Also die Axe zerbricht, beim Frachtgut schnöde verderbt wird.
Achte das Maß, und schickliche Zeit ist immer die beste!

———

Bist du an Alter gereift, dann führe nach Hause die Gattin, 695
Weder den dreißiger Jahren zu ferne noch um gar Vieles,
Noch weit drüber hinaus; dieß ist ja die Zeit der Vermählung.
Vier Jahr' blühe das Weib und mach' im fünften die Hochzeit!
Freie die Jungfrau, daß du sie wackere Sitte noch lehrest,
Und die freie zumeist, die bei dir nahe zuvor wohnt, 700
Doch wohl schaue dich um; sonst höhnet der Nachbar die Hochzeit.
Denn nichts Besseres kann ja der Mann sich wahrlich erbeuten,
Als ein treffliches Weib; ein schlimmes und mahlebegier'ges
Wiederum ist ja das Aergste der Welt; die senget den besten
Mann aus, ohne das Feuer, so daß er jämmerlich altert. 705
Sorgsam wahre die Scheu vor den ewigen, seligen Göttern.
Niemals achte du ferner dem leiblichen Bruder den Freund gleich;

———

B. 684. Schnelle geraubt, d. h. sie muß auf's Eiligste unternommen
werden.
B. 695. Der folgende Theil des Gedichts enthält sittliche Vorschriften, ähnlich
den Sprüchen des Pythagoras, doch ohne strengen Zusammenhang.
B. 698. Vier Jahre, vom 14ten an gerechnet, so daß die Hochzeit in's 19te
Lebensjahr fällt.

Haſt du's aber gethan, ſo beginne du nie die Beleid'gung;
Lüge der Zunge zulieb' auch nie; doch wenn er zuerſt dir
Sei's unfreundliche Dinge geſagt hat, oder gethan hat,   710
Denke daran und laß ihn doppelt büßen; ſobald er
Wieder jedoch zu der Liebe ſich kehrt und Sühne zu geben
Willig erſcheint: nimm's an! Denn immer die Freunde zu wechſeln —
Pfui! Nur laſſe das Herz dir nicht vom Scheine berücken!
Meide, zu ſehr gaſtfrei, wie ungaſtfreundlich zu heißen,   715
Oder der Böſen Genoſſ' und zänkiſcher Tadler der Guten.
Schmerzliche Armuth, herzzerfreſſende, rücke du Niemand
Jemals auf zum Schimpfe; ſie kommt von den ewigen Göttern.
Traun, für die Zunge der beſte Gewinn iſt's unter den Menſchen,
Wenn ſie geſpart wird; und ſie gefällt nur, wenn ſie das Maß
                                                         hält;   720
Haſt du was Schlimmes geſagt: bald wirſt du noch Schlimmeres
                                                         hören.
Kein gaſtreiches Gelage verdrieße dich auch zu beſuchen;
Speiſt man zuſammen, ſo iſt's mehr Luſt und weniger Aufwand.
Niemals opfere Zeus vom dunkelen Weine des Morgens,
Oder den anderen Göttern, bevor du die Hände gewaſchen.   725
Denn ſonſt hören ſie nicht; ſie verſchmähn ſonſt deine Gebete.
Auch nicht gegen die Sonne gewendet, wäſſere ſtehend;
Iſt ſie hinab, ſo bedenke du wohl und — bis ſie zurückkommt,
Harne du nicht im Weg, noch außer dem Weg im Vorangehn,
Auch nicht völlig geblößet; die Nächte gehören den Ew'gen.   730
Sitzend thut es der heilige Menſch von vernünftigem Sinne,
Oder zur Mauer getreten des wohlumſchloſſenen Hofes.
Biſt du befleckt, dann ſollſt du die Scham nicht innen im Hauſe
Zeigen, indem du dem Herde dich nahſt; dieß meide behutſam.
Auch nicht, kehrſt du nach Hauſe von ſeufzervollem Begräbniß,   735
Säe den Samen des Hauſes; nach fröhlichem Göttergelag thu's!
Nie durchwandle des ewigen Stroms ſchönfließende Waſſer,

V. 709. der Zunge zulieb. d. h. ohne allen wirklichen Grund.
V. 731. Nach Herodot war dieß ägyptiſche, nicht griechiſche Sitte.
heilig, ſ. v. a. die Götter ehrend.

Eh' du gebetet, das Aug' in die herrlichen Fluthen gesenket
Und dir die Hände gewaschen im lieblichen, hellen Gewässer.
[Wer durchwatet den Fluß, frech, ohne die Hände zu waschen,] 740
Ja, dem zürnen die Götter; er trägt einst Strafe von ihnen.
　Auch an der Hand Fünfast beim festlichen Mahle der Götter
Schneide mit blinkendem Eisen das Trockene nicht von dem Grünen.
　Setze die Schapfe des lauteren Weins nie über den Mischkrug,
Wenn man trinkt, sonst ist dir kläglicher Jammer beschieden.　745
　Wenn du ein Haus dir baust, — das laß nicht ohne die Glättung;
Denn sonst setzt sich darauf und schreiet die lärmende Krähe.
　Nimm auch nicht vom Kessel, der ohne die Weihe geblieben,
Essen heraus, noch Bad; auch hier liegt Strafe darinnen.
　Setzet (es ist nicht gut) auf unbewegliche Sitze　　　　750
Kein zwölftägiges Kind (dieß macht unmännliche Männer);
Auch zwölfmonatlich keines; es ist dasselbe zu fürchten.
　Auch nicht reinige sich im weiblichen Bade die Glieder
Je ein Mann; denn traurige Straf' und längere folget
Gleichfalls. — Bist du sodann zum brennenden Opfer gekommen, 755
Tadele nie das Geheime; die Gottheit züchtiget dieß auch.
　Auch so die Mündung nicht zu dem Meer hinströmender Flüsse,
Oder die Quelle benetze mit Harn; dieß meide behutsam;
Auch entleere den Leib nicht dort; dieß wäre doch häßlich!
　Hiernach thu' und meide das üble Gerede der Menschen;　760
Menschengered' ist schlimm; leicht holt man es, ohne Bemühung,
Trägt mühselig an ihm und kann's schwer wiederum abthun.
Solches Gerede vergeht nie ganz, das Viele bereitet
Unter den Leuten; es ist auch eine unsterbliche Göttin.

V. 742. Fünfast, die fünf Finger.

V. 744. Sinn: wem lauterer Wein lieber ist, als Wasser und Wein, der betrinkt sich und hat die Folgen zu büßen.

V. 748. Eine Empfehlung des Tischgebets u. dgl.　　　745

V. 750. Sinn: schon mit dem kleinsten Kinde beginne man irgend welche gymnastische Uebungen, soweit dieß möglich ist.

V. 753. Weibliches Bad. Wahrscheinlich ein Bad von warmem Wasser.

Merke die Tage von Zeus dir wohl, nach völliger Ordnung, 765
Um das Gesinde zu lehren; der dreißigste tauget im Monat,
Um das Geschäft zu besehen, die Kost zu vertheilen, am besten,
Wenn vom Rechtsentscheide das Volk Frei-Tage begehet.
Denn dieß sind ja die Tage von Zeus, dem allwissenden Herrscher.
Neumond erst ist heilig, der viert' und siebente gleichfalls, 770
Dran einst Leto den Goldschwertträger Apollo geboren;
Auch so der acht' und neunte; das sind im wachsenden Monat
Traun zwei treffliche Tage, der Menschen Geschäft zu besorgen;
Eilf und Zwölf sind wiederum auch zwei wackere Tage,
Jener zu Schafschur, dieser erquickliche Früchte zu mähen; 775
Aber der zwölft' ist weit an Güte doch über den eilften;
Ziehet die Fäden an ihm ja die schwebende Spinne den vollen
Tag; wann jetzo die kundige Ameis sammelt in Haufen,
Stelle den Webstuhl jetzt zum fleißigen Werke das Weib auf;
In dem Verlaufe des Monds ist dreizehn wohl zu vermeiden 780
Bei dem Beginne der Saat; Pflänzlinge — die nähret er herrlich.
Aber der sechste der Mitt' ist schädlich an allen Gewächsen,
Treffliche Knäblein gibt er jedoch; nur ist er den Mädchen
Für die Geburt nicht hold, auch nicht zum Feste der Hochzeit.
Auch so der sechste zuvor ist für die geborenen Mägdlein 785
Nicht gut; aber die Böck' und Heerden der Schafe zu schneiden,
Hirtengehege zu baun, mag's wohl ein freundlicher Tag sein,
Bringt auch wackere Knaben; sie lieben es, — spöttische Reden,
Lug und schmeichelnde Wort' und heimliches, süßes Geflüster.
Aber am achten des Monds — da schneide den Eber, den lautauf 790
Brüllenden Stier; am zwölften das arbeitduldende Maulthier.

V. 765. Es folgt der älteste Kalender. Hesiods Monat umfaßt dreißig Tage, die in drei Abschnitte von je zehn Tagen zerfallen (Monatsanfang, Monatsmitte, Monatsende). Der 14te ist also der „vierte von Monatsmitte" ꝛc.

V. 771. An diesem Tage wurde auch Plato geboren.

V. 778. Der volle Tag, der längste Tag; um diese Zeit gibt es am meisten Mücken, weßwegen auch die Spinne besonders geschäftig ist; ihrem Beispiele soll nun die Frau nachahmen.

V. 780. Eigentlich im ersten Drittel (dem jedoch Hesiod hier auch das zweite Drittel beizählt) ist der dreizehnte zu meiden.

Aber am vollen und großen der zwanziger Tage bekommst du
Traun ein witziges Knäbchen; es ist gar kundigen Geistes.
Tüchtige Knaben gewähret der zehnte, der vierte der Mitte
Mädchen; an ihm jetzt Schaf' und langsam schreitendes Hornvieh, 795
Auch scharfzahnige Hund' und arbeittragende Mäuler
Zähme, die Hand auflegend; allein (dieß merke bedachtsam!)
Meide den vierten, sowohl vom Beginn, als Ende des Monats,
Daß du die Seele nicht härmst; ein gar so vollendeter Tag ist's!
Führ' an dem vierten des Mondes die Gattin in deine Behausung, 800
Wenn du die Vögel erforscht, die zu selbigem Werke die besten.
Aber die fünften vermeide, dieweil sie so mißlich und arg sind.
Denn am fünften besorgen Erinnyen, sagt man, den Horkos
Nach der Geburt, den Eris gebar zur Strafe des Meineids.
Aber am siebten der Mitte Demeters heilige Körner   805
Wirf mit behutsamem, sorglichem Aug' auf ebenen Tennen
Nieder. Es haue der Zimmerer Holz auch für die Gemächer
Und Schiffsbalken in Menge, sowie sie zum Schiffe sich eignen.
Aber am vierten beginne, die brechlichen Schiffe zu fügen:
Aber der neunte der Mitt' ist heilvoll später am Abend,   810
So wie der früheste neunte den Sterblichen ganz unschädlich;
Dieser ist gut zum Pflanzen sowohl, als für die Geburten,
Gut bei Knab' und Mädchen; er ist nie völliger Mißtag.
Wenige wissen, wie trefflich der dritte der Neuner im Mond ist,
[Um zu beginnen ein Faß und das Joch auf den Nacken zu legen 815
Stieren und Mäulern zumal und schnellhinjagenden Rossen,]
Auch das beruderte, flüchtige Schiff zur dunkelen Meerfluth
Niederzuziehn; doch Wenige nennen den Tag wahrhaftig.
Oeffne das Faß am vierten; der mittlere gelte zumeist als
Heiliger Tag; nur Wenigen gilt ein zwanziger heilvoll,   820
Wenn sich der Morgen erhebt; noch kläglicher ist er am Abend.

V. 792. Der zwanzigste Tag des Monats, in welchen der längste Tag fällt.
V. 799. Vollendeter Tag = heiliger Tag.
V. 800. Dieser Tag war der Aphrodite und dem Hermes geweiht.
V. 802. die fünften sind mißlich wegen ihrer Untheilbarkeit, wodurch diese
Zahl überhaupt im Leben weniger anwendbar ist.
Horkos, Gott des Eidschwurs.

Dieß sind also die Tage, den Menschen zum Heile geschaffen;
Schadlos treten dazwischen die anderen, ohne Bedeutung.
Andre belobet der andere Mensch; nur Wenige wissen's.
Bald ist uns Stiefmutter die Zeit, bald wirkliche Mutter;   825
Aber beglückt und selig der Mensch, der alle die Lehren
Weiß und übet im Werk, stets schuldlos gegen die Götter
Achtet die Vögel der Luft und jegliche Sünde vermeidet!

Druck von C. Hoffmann in Stuttgart.